Mente
Criminal

JOHN WAYNE GACY

EL PAYASO ASESINO

AMERICAN
BOOK GROUP

INNOVANT PUBLISHING
SC Trade Center: Av. de Les Corts Catalanes 5-7
08174, Sant Cugat del Vallès, Barcelona, España
© 2026, Innovant Publishing SLU
© 2026, TRIALTEA USA, L.C. d.b.a. AMERICAN BOOK GROUP

Director general: Xavier Ferreres
Director editorial: Pablo Montañez
Director de producción: Xavier Clos

Colaboran en la realización de esta obra colectiva:
Directora de márqueting: Núria Franquesa
Project Manager: Anne de Premonville
Office Assistant: Marina Bernshteyn
Director de arte: Oriol Figueras
Diseño y maquetación: Roger Prior
Edición gráfica: Emma Lladó
Coordinación y edición: Adriana Narváez
Seguimiento de autor: Eduardo Blanco
Redacción: Mariana Nirino
Corrección: Olga Gallego García
Créditos fotográficos: Página 13, ©Martin Zielinski photo; 30-31,
©Bettmann/Getty Images; 38-39, Photo by Bureau of Prisons/
Getty Images; 42-43, ©Chicago Sun-Times Collection/Chicago
History Museum/Getty Images; 50-51, ©Tribune archive photo/
Tribune News Service via Getty Images; 54-55, ©Walter Kale/
Chicago Tribune; 64-65, ©Bettmann/Getty Images; 92-93,
©Bettmann/Getty Images; 100, FBI Archive; 109, ©The Orchid
Club; 119, Photo by Bureau of Prisons/Getty Images.

ISBN: 9781681658902
Library of Congress: 2021946738

Impreso en Estados Unidos de América
Printed in the United States

Índice

Capítulo 1

¡HA LLEGADO POGO, EL PAYASO!

Transcurría el mes de marzo de 1978. La primavera despuntaba con sus primeros brotes en el tranquilo barrio de Norwood Park, en las afueras de la ciudad de Chicago. Muchos de sus habitantes, inmigrantes blancos de diferentes orígenes —lituanos, italianos, polacos o alemanes—, eran trabajadores prósperos, en su mayoría católicos, que iban a misa cada domingo.

Sus casas estilo *bungalow*, edificadas en la década de 1950, eran austeras pero sólidas; construcciones bajas de ladrillo, rodeadas de un césped prolijamente delineado y calles limpias, que representaban en sus paredes el sueño americano cumplido, conseguido gracias al esfuerzo y la persistencia en el trabajo. Tal vez, por eso, el sentimiento de pertenencia al barrio y los lazos de vecindad eran celosamente cuidados. Y, quizá también por esa razón, todo aquel que se involucrara en las cuestiones de la comunidad era valorado y respetado.

Un mediodía fresco y algo húmedo de aquella incipiente primavera al noroeste de Chicago, un grupo de familias se había reunido para festejar un cumpleaños infantil. Mientras la carne se asaba a fuego lento en la barbacoa, los niños correteaban por el porche de la casa anfitriona y los adultos dialogaban distendidamente sobre política o deporte.

En ese escenario suburbano, un payaso regordete y con una enorme sonrisa roja irrumpió en la celebración, como en otras ocasiones acompañado de globos y marionetas, atrayendo de inmediato la atención de adultos y niños, al grito de: «¡Llegó Pogo, el payaso!». De inmediato, como un profesional de la risa, enfundado en su llamativo traje rojo, Pogo comenzó a cautivar a todos los invitados con sus bromas, aunque el número preferido de los niños y el que más risas desataba era el del perro invisible que mojaba los zapatos de quien se acercara a su correa.

En el vecindario de Norwood, John Wayne Gacy era Pogo. Pertenecía al club de payasos Jolly Joker, una organización de voluntarios que animaba fiestas infantiles y algunos actos benéficos.

Mientras el festejo continuaba en un clima de apacible diver-
sión, no muy lejos de allí, un joven hombre de 26 años, llamado Jeff Rignall, permanecía internado en el Grant Hospital de
Chicago, donde era tratado por quemaduras en la cara, golpes y
heridas en todo su cuerpo, además de hemorragias.

Capítulo 2

DOS DENUNCIAS Y UN SOLO CULPABLE

La noche del 21 marzo de 1978, Jeff Rignall tuvo una discusión con su novia y decidió salir a tomar un poco de aire fresco. Mientras caminaba por el barrio de New Town, un hombre que conducía un sedán grande de color negro lo interpeló. El vehículo se le acercó a baja velocidad y las luces lo enfocaron. El conductor, aparentemente un tipo cordial que solo quería pasar un buen rato, le ofreció fumar marihuana. Rignall, confiado, aceptó la invitación.

Una vez en el coche y camino a un bar, el desconocido, un hombre de mediana edad y con algo de sobrepeso, no dudó en atacarlo tapándole la boca y la nariz con un pañuelo húmedo y de olor dulzón. El cloroformo —que además de usarse como anestésico general sirve como disolvente de limpieza en remodelaciones— adormeció de inmediato a Jeffry. Durante el trayecto, despertó por momentos y pudo retener algunas imágenes (muy pocas) que, como flashes, más adelante terminarían resultando datos cruciales: iba en un Oldsmobile negro, y circuló por la autopista Kennedy y algunas calles laterales.

Cuando Rignall recuperó la conciencia, se vio a sí mismo en el interior de una habitación, desnudo, con las manos atadas e inmovilizado sobre un tablón de madera. Allí su agresor, con una sonrisa ácida, le explicó detalladamente todas las técnicas que usaría para someterlo y violarlo. Su verdugo le pegó, lo azotó y lo torturó sexualmente. Una y otra vez, el violador adormecía a su víctima con cloroformo y volvía a sodomizarlo con diferentes objetos cada vez que el joven despertaba de su letargo.

Inexplicablemente, tras interminables horas de horror, el depredador dejó libre a su presa. Jeffry despertó vestido debajo de una estatua del Lincoln Park de Chicago, en evidente estado de shock. Ni su estado ni las terribles secuelas impidieron que realizara la denuncia correspondiente, pero eso no fue tan fácil. El muchacho desconocía la identidad de su secuestrador. Además, su relato estaba lleno de lagunas, debido al trauma y al cloroformo que había inhalado y que dañaría de por vida su hígado. Su condición de bisexual tampoco lo ayudó a la hora de presentar los cargos, y la policía, al no tener pruebas ni testigos, terminó por desestimar su declaración en ese momento. Tampoco relacionaron el hecho con una denuncia anterior, de características similares, realizada por un joven de 19 años llamado Robert Donelly. Ante la inoperancia de la policía, Rignall se decidió a dar él mismo con la identidad de su verdugo y, para ello, se dispuso a iniciar su propia investigación con los pocos datos que surgían de sus fragmentados recuerdos. Pacientemente, montó una guardia obsesiva durante semanas, esperando ver un Oldsmobile negro en la salida de la autopista Kennedy.

Finalmente, ese día tan esperado llegó. Jeffry no podía creer lo cerca que estaba de desenmascarar a su violador. Sigilosamente, lo siguió en su propio coche hasta su destino y, al llegar al sitio, ya no tenía dudas: era él. De inmediato, con la matrícula y el domicilio exactos, pudo realizar la denuncia. Si bien se trataba de un paso importante, la resolución fue, cuando menos, sorprendente: el caso resultaba aislado e insuficiente para que el denunciado quedara preso. Se le acusaba de un delito menor por agresión, por lo que seguiría libre a la espera del juicio. Pero ¿realmente era un caso aislado?

Un falso arresto

Dos meses antes, en enero de 1978, Robert Donnelly, un joven de 19 años y una vida tal vez demasiado tranquila para su edad, ya había realizado una denuncia sospechosamente similar a la de Rignall.

Los acontecimientos que cambiaron su vida para siempre ocurrieron la noche del 20 de diciembre de 1977. Robert había acudido a casa de unos amigos al noroeste de Chicago para tomar unas cervezas, sin imaginar que después ya nada sería igual.

Pasada la medianoche, de regreso a casa, cerca de la parada del autobús, un automóvil oscuro estacionado a pocos metros lo deslumbró con sus faros. El conductor, súbitamente, le indicó en voz alta que se identificara. El joven, pensando inocentemente que se trataba de un policía, se acercó sin dudar demasiado y, en ese momento, el desconocido lo amenazó con un revólver y le ordenó que subiera al coche si quería seguir con vida. Todo fue muy rápido y Donnelly, cogido por sorpresa, obedeció. Enseguida lo esposó y tuvo que viajar recostado de espaldas sobre el asiento trasero.

Tras un corto trayecto, ya dentro de la casa del supuesto policía, este trató a Robert con desprecio y arrogancia y le obligó a beber alcohol abriéndole la boca. La pesadilla de Donnelly apenas había comenzado. Los golpes, las injurias y el sadismo subían cada vez más de tono y se alternaban con la asfixia que sentía cada vez que el agresor sumergía su cabeza en el agua de la bañera, hasta lograr que perdiera el conocimiento. Cuando Robert recuperaba la conciencia, la pesadilla volvía a repetirse una y otra vez, sin ninguna posibilidad de escapatoria, pues seguía con las manos esposadas a la espalda.

El agresor se deleitaba comentando jocosamente lo bien que lo estaban pasando y anticipándole el próximo tormento, al tiempo que orinaba sobre su cuerpo desnudo. Horas después comenzó a mostrarle revistas y películas pornográficas, mientras le confesaba que antes había matado a mujeres pero que ahora prefería «hacerlo» con varones. El suplicio continuó en la habitación.

El sadismo parecía escalar en intensidad y rebasar todos los límites, esta vez con un perverso juego de ruleta rusa, en el que el dueño de la casa disparó el arma sobre su presa entre 10 y 15 veces seguidas.

Minutos después, el torturador volvía a sumergir en la bañera la cabeza de Donelly, que ahora estaba amordazado, mientras le introducía diferentes objetos en el recto. Cuando le quitó la

John Wayne Gacy interpretando al payaso Pogo, en una fotografía de 1976.

mordaza, Donnelly le suplicó a su verdugo que, si iba a matarlo, lo hiciera de una vez, a lo que el perverso agresor respondió con calma: «Me estoy acercando».

Cuando el violador se dio por satisfecho, ordenó a Donelly que se vistiera, lo subió al coche y lo dejó frente a su lugar de trabajo, los grandes almacenes Marshall Field's de Chicago.

Donelly realizó la denuncia y, en enero de 1978, el falso policía fue citado a declarar bajo los cargos de secuestro y abuso sexual sádico. En el interrogatorio, su locuacidad y habilidad para la persuasión triunfaron frente a la tartamudez postraumática de la víctima. El acusado logró convencer al fiscal de que estaban ante un caso de encuentro consentido de sexo sadomasoquista y, finalmente, quedó en libertad.

Inexplicablemente, la policía jamás relacionó las denuncias de Robert Donnelly y Jeff Rignall, que tenían un denominador común: John Wayne Gacy, también conocido como Pogo, el alegre y orondo payaso que divertía a los niños del apacible barrio de Norwood.

Capítulo 3

UN AMARGO CUMPLEAÑOS

O tra noche gélida se cernía sobre Des Plaines. Una helada y resbaladiza capa de nieve cubría las calles de la ciudad y caminar a la intemperie resultaba insoportable. Elizabeth Piest cumplía 46 años ese 11 de diciembre de 1978 y, a pesar de las bajas temperaturas, decidió interrumpir los preparativos de la celebración familiar para ir a buscar a su hijo Robert a la salida del trabajo. Cuando estacionó cerca del local eran aproximadamente las nueve menos cuarto de la noche, faltaban unos minutos para recoger al joven y regresar a casa, a solo ocho manzanas de allí.

Robert tenía 15 años y era un adolescente modélico. Estudiaba en Maine West High School y trabajaba a media jornada en la farmacia Nisson, situada en la avenida Touhy de Des Plains, en el condado de Cook, Illinois. Amante de la naturaleza, a Rob le faltaban solo dos insignias para pertenecer a los Eagle Scouts —el mayor rango entre los Boy Scouts of America— y estaba a punto de presentar un proyecto comunitario para la limpieza del río Des Plaines.

Cuando esa noche el joven acabó su turno en la farmacia, le dijo a su madre que lo esperara un momento, porque debía hablar antes con un contratista sobre un empleo para el verano. Estaba muy entusiasmado con la propuesta: la paga prometía ser mucho mejor que la de su trabajo actual, lo cual le permitiría comprarse el jeep para el que estaba ahorrando y así, finalmente, poder hacer sus anheladas excursiones fotográficas. Dobló la esquina y su madre se quedó esperándolo. Rob vestía una chaqueta azul...

Los minutos pasaban y el adolescente no regresaba. Elizabeth empezaba a inquietarse, no entendía por qué estaba tardando tanto. Su hijo era un joven afectuoso y responsable, sabía que era un día especial y que no debía retrasarse. ¿Acaso no recordaba que era su cumpleaños? ¿Qué estaría haciendo, que no regresaba? Tras una larga espera, Elizabeth decidió volver a casa, donde la aguardaban su esposo, Harold, sus otros dos hijos,

Ken y Kerry, y los dos pastores alemanes. La familia empezó la celebración sin Robert, pero la inquietud se volvió impaciencia ante la falta de, al menos, una llamada telefónica de Robert para justificar el retraso. La impaciencia se convirtió en preocupación cuando a las once de la noche su hijo todavía no había dado señales de vida, algo absolutamente inusual en él. Alrededor de las once y media, comprendieron que algo no iba bien y los Piest decidieron realizar una denuncia en la comisaría de Des Plaines.

Una denuncia sin demora

Esa noche, al salir de la comisaría, los padres de Robert condujeron lentamente por las calles de Des Plaines con la esperanza de encontrar a su hijo, pensando que podría haber sufrido un accidente y hallarse inconsciente en algún rincón helado de la ciudad.

A la mañana del día siguiente, el 12 de diciembre de 1978, el Departamento de Policía inició la búsqueda de Robert Piest. Había un hilo por donde comenzar a tirar: la última vez que habían visto a Robert fue en la farmacia Nisson, donde estuvo conversando con el contratista de obras John Wayne Gacy, información que resultaba coherente con lo que el joven había comentado a su madre antes de desaparecer.

Aquel mismo día, el contratista Gacy había estado visitando a sus clientes en la ciudad y luego había hecho un alto para visitar a su tío favorito, Harold, que se encontraba ingresado en estado de coma en el Northwest Hospital. Al abandonar el centro de salud, cerca de las cuatro de la tarde, la atmósfera navideña no despertó en Gacy la alegría esperada para esas fechas. Estaba melancólico y el estado de su tío le recordaba el triste fallecimiento de su padre la Nochebuena de nueve años atrás.

A pesar de todo, Gacy había acordado una reunión de negocios distendida con Richard Rapheal a las siete. Aún faltaban tres de horas, así que aprovechó el tiempo para detenerse en la farmacia Nisson y realizar el presupuesto de unas reparaciones. Un año antes, Phil Torf, el propietario, ya había utilizado los servicios de la empresa de Gacy, PDM Contractors, para efectuar una remodelación general del local.

Alrededor de las seis, Gacy y Torf se encontraban en la farmacia hablando sobre estos temas, cuando entró el joven Piest, dispuesto a reponer algunos medicamentos en las estanterías. Gacy reparó rápidamente en Robert y, pretendiendo ser afable, comentó en voz alta: «¡Caras nuevas, parece que se ha renovado el equipo!». En aquel momento entró Linda Merters, una antigua empleada de la tienda, e intercambió algunas palabras con Gacy y Torf. Mientras conversaban, el joven Piest pudo oír al contratista referirse a la buena paga que recibían sus jóvenes empleados.

John Gacy y Phil Torf no llegaron a un acuerdo sobre el presupuesto y Gacy abandonó el local, olvidándose una agenda en el mostrador, que volvería a buscar unas horas más tarde. Probablemente se trataba de un recurso premeditado...

Mientras tanto, a 20 minutos de Des Plaines, en el área residencial de Glenview, Rapheal, sentado frente a una pizza, aguardaba en su casa a su amigo Gacy para hablar de proyectos y negocios. Ante la demora, Rapheal llamó varias veces al número telefónico de la casa del 8213 W. Summerdale Ave., donde vivía Gacy, pero nadie respondió. Tal vez, algún incidente en la noche nevada lo había demorado de camino a la reunión.

Un ciudadano con buena reputación

Gacy era un trabajador perseverante y un hábil vendedor. Había comprado la amplia casa de la avenida Summerdale, en el tranquilo barrio de Norwood Park, con sus ahorros y la ayuda financiera de su madre.

Durante los años 60, siendo muy joven, también había administrado con éxito una cadena de restaurantes de comida rápida en Iowa y, ahora, a finales de los años 70, estaba al frente de su propia empresa, PDM (pintura, decoración y mantenimiento).

Aunque había comenzado con trabajos menores, Gacy la había hecho crecer ininterrumpidamente en poco tiempo.

Ahora tenía varios empleados, especialmente jóvenes y, a pesar de que dedicaba largas jornadas de trabajo a la empresa, Gacy sacaba tiempo para participar en la política vecinal como militante del Partido Demócrata local. Estaba especialmente involucrado en los quehaceres del barrio, desde el mantenimiento del alumbrado hasta la reparación de una obra pública, la colocación de contenedores de basura o la instalación de un árbol de Navidad. En ocasiones, incluso, ponía a disposición a sus empleados, de modo gratuito. Por otra parte, sus buenas relaciones con políticos, empresarios y comerciantes, así como su actitud servicial con los vecinos, le habían granjeado una buena reputación y una excelente imagen pública. Gacy participaba en reuniones y eventos de la ciudad, y solía organizar fiestas de verano en su casa con hasta 300 invitados.

Claramente, su red de contactos le facilitaba la contratación de sus servicios, así como la realización de algunos proyectos y negocios. Muchos le veían como un hombre ambicioso y grandilocuente, lo que no era necesariamente un defecto. A pesar de haberse divorciado dos veces y de los rumores que corrían sobre su homosexualidad, las mujeres no dejaban de coquetear con él, hecho que Gacy retribuyó siempre con cortesía.

Todo este liderazgo cívico le valió el título de Capitán de Distrito del Partido y el haber sido nombrado, en 1975, director del desfile anual del Día de la Constitución Polaca de Chicago, el más importante de la colectividad fuera de Polonia. Un evento que supervisó hasta 1978 y un rol que le brindó la posibilidad de estrechar la mano... ¡nada menos que a la primera dama, Rosalynn Carter! Fue el 6 de mayo de 1978 y quedó en la memoria de todos por la fotografía que publicaron los periódicos locales.

Además, John Wayne Gacy, a través de la Loyal Order of Moose (literalmente, Leal Orden de los Alces), una organización internacional fraternal y benéfica, se había unido a un club de payasos local, el Jolly Jokers, cuyos miembros participaban en desfiles benéficos y acudían a los hospitales para entretener a los niños allí ingresados.

A pesar de llevar una vida aparentemente plena y con poco tiempo para la tristeza, la noche del 11 de diciembre de 1978, Gacy se olvidó o no se sintió con ánimo para asistir a la reunión en casa de Rapheal, con quien finalmente pudo hablar telefónicamente alrededor de las diez y quedar para la mañana siguiente.

Cerca de las once, Gacy estaba de vuelta en el Northwest Hospital, pero la cama del tío Harold estaba vacía: había fallecido. Fue un golpe duro, había sido una figura importante en su vida. Aturdido por la pena, Gacy se dirigió a casa de su tía, permaneció allí un par de horas y, finalmente, regresó a su casa. Más tarde, alrededor de la una y media de la madrugada, llamó a su hermana mayor para notificarle la triste defunción y ambos acordaron avisar a su madre por la mañana.

Incipientes sospechas

La mañana del 12 de diciembre la angustia de la familia Piest aumentaba minuto a minuto. Tras haber buscado infructuosamente a su hijo durante toda la noche por las calles de Des Plaines, el matrimonio Piest se presentó de nuevo en la comisaría alrededor de las ocho y media. El detective James Pickell y un oficial comenzaron la investigación intentado localizar el teléfono de John Wayne Gacy.

Probaron sin suerte, hasta que averiguaron que el número figuraba a nombre de su empresa y no por su apellido. Más tarde, después de identificar la matrícula del vehículo particular de Gacy, llamaron a la Jefatura de Policía de Chicago para averiguar si tenía antecedentes penales.

La información que obtuvieron activó inmediatamente el estado de alerta en la incipiente investigación. Descubrieron que Gacy había sido condenado por sodomía diez años atrás en Iowa y que en el caso la víctima había sido un chico de 15 años. También había sido arrestado en 1972, tras ser denunciado por un hombre llamado Jackie Dee por agresiones violentas, y fueron asimismo informados de la denuncia del caso Rignall, realizada hacía tan solo unos meses.

Ante el perfil delictivo que asomaba y la preocupación de una familia que daba cuenta de que su hijo no era un joven problemático ni fugitivo, Pickell habló con su superior, el teniente Joseph Kozenczak, para tomar las riendas del asunto.

No había tiempo que perder, tenían que verse directamente con Gacy. Kozenczak —a quien el caso tocaba muy de cerca porque tenía un hijo adolescente que asistía a la misma escuela que Robert—, se dirigió esa misma noche a la casa de la avenida Summerdale, acompañado de tres agentes.

Capítulo 4

DEMASIADAS COINCIDENCIAS

La noche del 12 de diciembre de 1978, Gacy había quedado con su vecino Michael Rossi para ayudarlo a recoger unos árboles de Navidad, como solían hacer siempre en esas fechas.

Alrededor de las nueve de la noche, el teniente Kozenczak acompañado de otros policías se disponía a llamar a la puerta de la misma casa, en el 8213 de W. Summerdale Ave. Por eso, justo cuando Michael aparcó en la entrada y se disponía a tocar la campanilla, los oficiales le pidieron que aguardara afuera.

Al abrirse la puerta de la casa, un hombre joven y regordete, de aspecto relajado, los atendió amablemente. Era John Wayne Gacy. Kozenczak le preguntó si conocía a un tal Robert Piest, a lo que Gacy respondió que no tenía idea de quién era.

El teniente le replicó que lo habían visto hablar con el joven el día anterior en la farmacia Nisson, pero ante la negativa insistente del sospechoso, que afirmaba no haber hablado con el adolescente, el detective le pidió con calma y amabilidad si podía acompañarlos a la comisaría de la policía de Des Plaines y llenar un formulario como testigo, ya que el muchacho se encontraba desaparecido.

Fue entonces cuando el rostro de Gacy pasó de afable a enojado. Respondió que de ningún modo podía ir, que estaba esperando una llamada de su madre desde Arkansas y organizando el funeral de su tío Harold, que acababa de fallecer. Definitivamente, le era imposible asistir.

Kozenczak no cedió, le insistió en que los acompañara y la atmósfera se tornó tensa. Finalmente, Gacy terminó gritándoles, indignado, que no podía ir con ellos en ese mismo momento y que no tenían ningún respeto por los muertos. Tratando de controlar sus nervios, al final prometió que pasaría una hora después.

Cuando los policías se retiraron, Rossi aún esperaba afuera. Entró en la casa y le pidió a Gacy unas luces para el árbol navideño. El habitualmente afable contratista pareció apurarse para bajarlas del ático, de mala gana. Dijo que todavía tenía que solucionar algunos temas del trabajo; sin embargo, aun así acompañó a Rossi a buscar los árboles como si nada hubiese ocurrido, como si aquel episodio con la policía hubiera sido algo sin importancia, o como si lo hubiera olvidado. Ya de regreso y avanzada la noche, un Gacy cansado y afligido por la muerte de su tío se reclinó sobre su mecedora negra con una copa en la mano y acabó por dormirse.

Comienza la investigación

En la madrugada del 13 de diciembre, Gacy se dirigía a la oficina de la policía para declarar, tal como había prometido, cuando su Oldsmobile se salió de la carretera helada y quedó averiado en el fango. ¿Pero de dónde venía? Ese no era el camino que lo llevaba directamente desde su casa hasta la Policía. Se había despertado sobresaltado a medianoche para ir a ver al teniente, pero ya eran las dos y media de la mañana.

Dennis Johnson, un empleado de peajes de Illinois, se acercó a ofrecerle ayuda, pero Gacy, que parecía llevar algo de prisa, prefirió arreglárselas solo. Al final, su intento resultó infructuoso, así que aceptó que Johnson llamara a la grúa. A los 20 minutos llegó la ayuda, y Gacy, que previamente se había hecho pasar por un agente de la policía para conseguir que el coste del remolque fuera cargado a cuenta del Distrito de Iluminación del Condado de Cook, terminó aceptando pagar en efectivo.

Alrededor de las tres y media de la madrugada, John Wayne Gacy se presentó en la oficina de policía preguntando por Kozenczak, explicando que había tenido un accidente y que por eso se había retrasado. Pero el teniente ya se había retirado, de modo que prometió regresar al día siguiente.

Y así lo hizo. Cerca del mediodía, el modélico vecino de Norwood Park esperaba ser atendido por Kozenczak, quien se hallaba en la sala contigua conversando con el fiscal Terry Sullivan sobre los antecedentes de Gacy.

La cosa parecía seria y la familia Piest, desesperada, presionaba para que registraran la casa del sospechoso sin demora. Todos estaban de acuerdo en que no había más tiempo que perder, por lo que comenzaron a redactar una orden de registro de la casa de Summerdale. El muchacho podía estar todavía con vida y retenido allí.

Mientras tanto, Gacy conversaba desde hacía rato con el detective Pickell haciendo alarde de la abultada facturación de su negocio y de los influyentes contactos que tenía en su haber. Pickell simuló durante horas estar admirado con el grandilocuente discurso de aquel buen ciudadano, cuando en realidad estaba haciendo tiempo para retener al sospechoso, mientras sus colegas conseguían la autorización del juez para llevar a cabo la operación.

Finalmente, a primera hora de la tarde, se informó a Gacy que la policía iba a registrar su casa. La noticia no agradó al sorprendido vecino, quien de todos modos tuvo que entregar las llaves de su vivienda. Cerca de las cuatro, los oficiales y la científica accedían al inmueble en busca de cualquier pista que pudiera desvelar el paradero de Rob Piest.

Ciertamente, lo que hallaron no fue gran cosa, a pesar de las conjeturas que recaían sobre el sospechoso. Tampoco constituían pruebas de ningún delito algunos objetos sospechosos: restos de marihuana, películas pornográficas, varias píldoras compradas en la farmacia, un anillo de la Maine West High School con las iniciales «JAS», un par de esposas, un dispositivo de sujeción de brazos y una mancha de sangre en la alfombra del pasillo que conducía al baño.

Arriba, en el ático, había algunas insignias de policía, una pistola, una botella vacía con olor a cloroformo y un consolador de gran tamaño.

En la biblioteca de Gacy sorprendía la temática de los libros: legislación, autoayuda, una Biblia, biografías. Varios de ellos llevaban el sello de la biblioteca del reformatorio de hombres de Anamosa. Pero no eran los únicos: bien escondidos en el ático también hallaron libros sobre homosexualidad y pederastia, entre ellos *The American Bi-centennial Gay Guide*; *21 Abnormal Sex Cases*; *The Great White Swallow*; *Heads & Tails*; *Bike Boy*; *Pederasty: Sex Between Men and Boys* y *Tight Teenagers*.

En el cubo de basura de la cocina, se encontró un recibo de un revelado de fotos de la farmacia Nisson con el número 36.119 junto a medio metro de cuerda de nailon.

Aunque los policías ya se habían ido, esa noche Gacy no quiso regresar a su casa y se fue a dormir a la de su hermana. Tenía miedo, pero... ¿de qué?

Vigilado y nervioso: ¿por qué me siguen los federales?

Al día siguiente del registro (14 de diciembre), y tres días después de la desaparición de Robert Piest, el fiscal Sullivan y el teniente Kozenczak decidieron vigilar a Gacy las 24 horas, lo que suponía una orden especial. Habría dos oficiales por turno para seguir al sospechoso de sol a sol.

Simultáneamente, comenzaron una investigación minuciosa y sin demora para saber más de la vida de Gacy. ¿Quién era el vecino modélico, el payaso voluntario y el empresario de éxito al que seguían? Además, había que contrastar la información que él había proporcionado en otras ocasiones.

Lo primero que descubrieron fue que Gacy había mentido sobre la intersección de calles donde había sufrido el accidente de coche la madrugada del miércoles 13 de diciembre. Rápidamente, otras alarmas empezaron a saltar, una tras otra. Los investigadores contactaron con Carol, la segunda exmujer de Gacy, y también con vecinos, clientes y empleados; se comunicaron con todos aquellos que pudieran saber algo de él.

La Policía vigila la entrada de la casa de John Wayne Gacy mientras se realiza la inspección en ella.

Algunas piezas del rompecabezas iban encajando poco a poco, y el escenario que se dibujaba resultaba estremecedor: por lo menos tres jóvenes varones que habían tenido contacto con Gacy estaban desaparecidos hacía ya un par de años: John Butkovich, exempleado de PDM Contractors; Greg Godzik, también exempleado de su empresa, y John A. Szyc, de quien hallaron en la casa del sospechoso varios objetos que poseían distinto valor y le pertenecían, como su anillo de graduación —aquel con las iniciales «JAS»—, junto con un televisor y con su coche, que ahora sorprendentemente estaba a nombre de Michael Rossi, el vecino de Gacy.

A estas alturas, Kozenczak y Sullivan sabían que era poco probable hallar con vida a Robert Piest y al resto de los adolescentes desaparecidos. Se imponía imperiosamente realizar un segundo registro de la casa del barrio de Norwood, así como presionar a Gacy y llevarlo al límite para ponerlo en evidencia.

Los oficiales que lo espiaban recibieron órdenes de no esconderse, todo lo contrario: Gacy debía saberse vigilado, acorralado; tal vez así se vendría abajo y confesaría. Mientras tanto, el Departamento de Policía de Des Plaines trabajaba entre 16 y 20 horas diarias sobre el caso.

En los siguientes días, al sentirse vigilado, Gacy pareció desacomodarse: su conducta errante por la ciudad y su rally automovilístico por las calles de Chicago comenzaron a llamar la atención. Hasta Richard Rapheal, el amigo con quien solía hacer negocios, recordaría más tarde su comportamiento desencajado y casi incoherente en aquellos días. John Wayne Gacy, aquel hombre de negocios y líder cívico de su vecindario, estaba derrumbándose.

Ahora realizaba maratones de bar en bar y de restaurantes a pubs, hasta altas horas de la madrugada. A veces parecía querer fugarse, mientras que en otras ocasiones invitaba a beber a los policías. Llegó a entablar varias conversaciones con los oficiales que lo custodiaban, preguntándoles una y otra vez si eran federales y si investigaban un caso de narcóticos, a lo que los oficiales respondían una y otra vez que solo eran policías de Des Plaines investigando la desaparición de un muchacho.

Gacy intentaba seducirlos y bromeaba con que eran sus «guardaespaldas» e incluso, llegó a invitarlos a su casa a tomar algo varias veces. Pero no todo era amabilidad; el payaso compasivo tenía también sus arranques de cólera, y amenazaba a los oficiales con una supuesta denuncia por hostigamiento y con las represalias que tomaría contra Kozenczak y su gente por el acoso y los daños morales que le estaban ocasionando.

Su imagen pública se estaba rompiendo en pedazos y en el vecindario comenzaban a circular rumores sobre lo que estaba ocurriendo. ¿Podía ese vecino con contactos en el Partido Demócrata, ese que organizaba reuniones anuales en su casa y que se involucraba voluntariamente en los servicios comunitarios, ser el responsable de un horripilante secuestro?

Fanfarrón, tal vez sí. Y quizá también, un tipo con algunos vicios sexuales, además de ambicioso. Todo eso era verdad, pero ninguno de ellos logró imaginar jamás la verdad que se ocultaba detrás de la gran sonrisa roja.

Capítulo 5

EL MOMENTO
DE LA VERDAD

El lunes 18 de diciembre, una semana después de la desaparición de Robert, los detectives de Des Plaines a cargo del teniente Kozenczak seguían interrogando a las personas que consideraban que podían aportar más pistas sobre Gacy y el caso Piest. Una de ellas sería Kym Byers, la compañera de trabajo de Robert Piest y cuyo nombre figuraba en el ticket de revelado de fotos hallado en el cubo de basura de la casa del sospechoso.

Al día siguiente, llegó el turno de Kym Byers, quien declaró que había dejado un recibo de revelado fotográfico a su nombre en el bolsillo de la chaqueta azul de Robert la noche en que desapareció. No hizo falta que pensaran mucho; Kozenczak y el fiscal Sullivan comprendieron de inmediato que Piest estaba muerto.

Entretanto Gacy, sabiéndose perseguido, continuaba con un comportamiento errático; unas veces podía actuar como un fugitivo y otras como un anfitrión para los policías. Esa noche, tras haber realizado un rally por la ciudad intentando huir a toda velocidad, Gacy invitó a los oficiales Bob Schultz y Ron Robinson a tomar unas copas en su casa, sin escatimar ostentaciones sobre su persona. Jocosamente, les habló de sus amigos jugadores de hockey y de sus contactos políticos, y un minuto después, hizo alarde de las fotografías exhibidas en su sala de estar, donde se le podía ver interpretando al payaso altruista o al ciudadano ilustre al lado del alcalde o de Rosalynn Carter.

Había que arrestar a Gacy; junto a las sospechas y las denuncias que habían registrado, sumaban una prueba que encadenaba las evidencias desperdigadas. Claramente, se imponía la necesidad de hacer un registro; pero ahora imaginaban que iban detrás de un asesino múltiple y no sería fácil que el juez firmara una orden sin un cadáver como prueba. Esta vez querían asegurarse de que Gacy no escapara a la justicia apelando a sus recursos.

Paradójicamente, la ayuda llegaría de la mano del propio sospechoso. Gacy se sentía tan intocable, tan astuto y superior al resto, que la misma mañana del martes 19 de diciembre invitó nuevamente a los dos oficiales a su casa. ¿Tal vez esos dos necios solo necesitaban una dosis más de cordialidad para dejar de molestarlo?

Mientras uno de los policías, Robinson, parecía muy entretenido con la charla que le daba Gacy, el agente Schultz pidió permiso para ir al baño. De pronto, el sistema de calefacción por aire caliente se puso en marcha en el baño. El aire llegaba cargado de un tufo nauseabundo que impregnaba la estancia: un hedor a húmedo y a ambiente cerrado que producía ganas de vomitar. Y Schultz supo reconocer automáticamente el indudable olor a muerte en aquel aire procedente de la parte trasera de la casa.

Un *tour* de despedidas

El miércoles 20 de diciembre, el abogado de Gacy, Sam Amirante, le entregó al fiscal Sullivan la copia de una demanda de 75.000 dólares que ya había sido presentada en el Tribunal Federal del Distrito, con una solicitud de audiencia para ese mismo viernes. Allí se requería el cese de la vigilancia y acoso al señor John Wayne Gacy. Los investigadores tenían que apresurarse, el cronómetro corría, querían que el sospechoso se «rompiera» y confesase o bien que empezara a cometer errores.

Ese día, Gacy comenzó a naufragar en el mar de su desesperación. Su conducta era cada vez más incoherente, hasta el punto de que tomó fotos a oficiales y vehículos viejos en la vía pública, luego ofreció a sus vigilantes el servicio de una prostituta y, finalmente, acabó por explotar cuando los agentes hablaron con sus empleados, Michael Rossy y David Cram. Fue entonces cuando se dirigió hacia la oficina de sus abogados en Park Ridge para ultimar los detalles de la audiencia por acoso. En esa charla, un Gacy fuera de sí admitió que había «sido el juez, el jurado y el verdugo de muchas, muchas personas». Sus propios abogados le

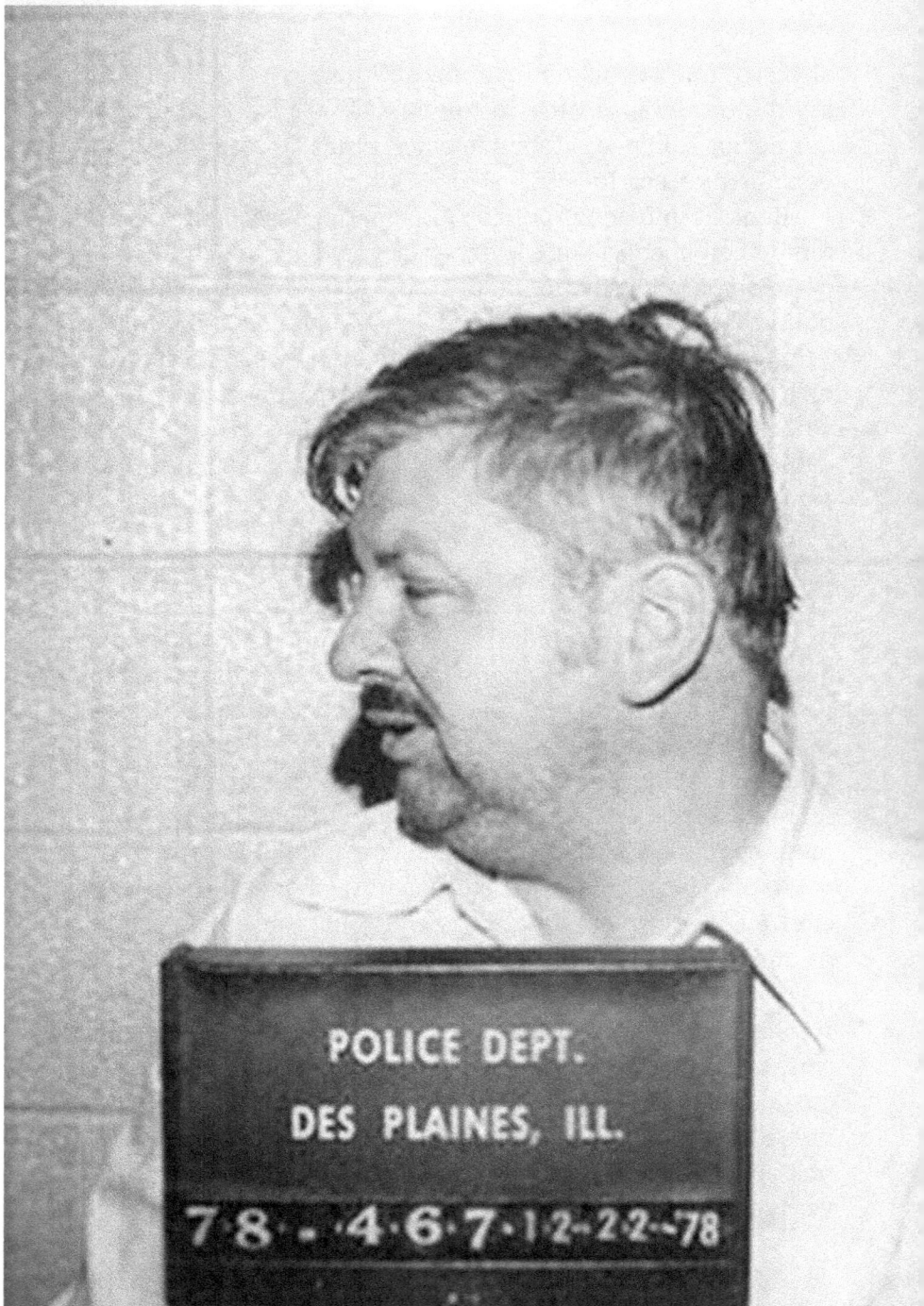

Fotografía de la ficha policial de un sonriente Gacy tomada en 1978.

POLICE DEPT.

DES PLAINES, ILL.

7·8 - 4·6·7 12·22·78

aconsejaron internarse en un psiquiátrico, y sugirieron a los oficiales que no lo perdieran de vista.

Mientras tanto, Cram, uno de los trabajadores de Gacy, declaró a la policía haber cavado unas zanjas a petición de Gacy en la vivienda de Summerdale, bajo el pretexto de que eran para unas tuberías. Paralelamente, otros policias interrogaban a Rossi, el vecino de Gacy, sobre el coche que había pertenecido a John Szyc. «Usted conduce un vehículo de alguien que ha fallecido», le dijo el teniente Kozenczak a Rossi induciéndolo a realizar algún tipo de confesión. Rossi reconoció que Gacy le había dicho que el coche era robado, pero afirmó que ni él ni los muchachos que trabajaban con Gacy sabían nada del joven Robert Piest que había desaparecido.

El jueves 21 de diciembre, con la prueba del recibo y el testimonio del agente Schulz sobre el olor a muerte en la casa de Gacy, el fiscal Terry Sullivan redactó a contrarreloj una orden de registro que permitía acceder legalmente a la planta subterránea de la vivienda. Comenzaba la cuenta atrás para arrestar a John Wayne Gacy y conocer la verdad de una vez por todas.

Esa mañana, desaliñado y con resaca, Gacy salió de la oficina de sus abogados, donde había pasado toda la noche. Por increíble que parezca, los letrados le habían permitido dormir allí porque estaba alcoholizado y había ingerido váliums. Condujo a toda velocidad hacia una estación de servicio Shell y colocó ante las narices de los oficiales tres cigarrillos de marihuana en el bolsillo de uno de los empleados. ¿Gacy quería que lo atraparan por venta de drogas?

Pero los oficiales no cayeron en la provocación. Lo siguieron hasta la casa de su amigo y colega Ron Rhode, que se sorprendió ante su aspecto inusual, sucio y agotado. Pidió un whisky, lo que preocupó sumamente a Rhode: él conocía a un Gacy trabajador, que no bebía por las mañanas y no consumía drogas; que era bueno con los niños y atento con su esposa; un amigo con el que había compartido unas vacaciones familiares en Las Vegas. Algo no iba bien, era obvio que su amigo estaba en apuros.

John estaba asustado, hablaba atropelladamente, decía que venía a despedirse y que los policías apostados allí afuera iban a detenerle. Todo era confuso y extraño para el dueño de casa. Entonces Gacy, en un arranque de locura, afectado por el alcohol, abatido y descontrolado tras las persecuciones de los policías y la presión de sentirse acorralado, confesó finalmente a Rhode que había matado, que había asesinado y que aproximadamente se trataba de unas 30 personas.

Además, como si su confesión pudiera quedar atrás solo con voltear una página, le dijo también que necesitaba ir al cementerio a visitar la tumba de su padre. Tal era su desenfreno.

Sin embargo, cuando salió de la casa de Rhode, los policías vieron lágrimas en los ojos del empresario. Ya no quedaban rastros de Pogo, el payaso; Gacy parecía perdido. Y así, solo y atribulado, condujo nuevamente su coche hasta la estación Shell, sosteniendo un rosario entre las manos. Toda su vida se derrumbaba y él lo sabía. Estaba fuera de sí, perdido y confundido. Por eso, volvió a comportarse de manera incoherente: cuando llegó a la gasolinera, abrazó a su dueño y cobró un cheque de 50 dólares, como si lo cotidiano pudiera volver a adueñarse de su vida.

Desencajado, siguió camino a casa de su empleado David Cram, a quien también le confesó los crímenes; seguramente Cram, a estas alturas y considerando los favores que Gacy le había solicitado, no se habría sorprendido. ¿Cuál habrá sido la expresión de su rostro para que, al instante, John le aclarara que todas esas personas muertas estaban involucradas en estafas y asuntos del sindicato? Para completar su relato, juró no saber nada sobre ese tal Robert Piest por el que lo estaban persiguiendo.

Ebrio y con varios váliums encima, no estaba en condiciones de conducir, por lo que Cram aceptó llevarlo en su coche hasta la

Con una orden de registro y mientras Gacy estaba detenido, el 22 de diciembre comenzó la búsqueda de las víctimas enterradas en el 8213 de Summerdale Avenue.

casa de James Vanvorous, otro contratista amigo, de quien también quería despedirse. Luego irían al cementerio Maryhill.

¿Iba ese a ser su final? ¿Iba a suicidarse en la tumba de John Stanley Gacy, su padre? Los oficiales que le pisaban los talones no iban a permitirlo. Todo el equipo de vigilancia estuvo presente: Hachmeister, Halbrecht, Schultz y Robinson. Consultaron por radio a Kozenczak, quien de inmediato les confirmó la orden de detención. Por el momento, iban a detenerlo por un delito de drogas.

El horror sale a la luz

Era el viernes 22 de diciembre y, mientras el fiscal Sullivan obtenía la firma del juez Marvin J. Peters para entrar en la casa de Summerdale, el recién detenido por venta de marihuana se quejaba de dolores en el pecho y explicaba que tenía antecedentes cardíacos, por lo que fue trasladado al Holy Family Hospital.

Mientras los auxiliares médicos asistían a Gacy, la tranquilidad del vecindario de Norwood Park se interrumpió: alrededor de las siete de la tarde una docena de agentes entró en la casa del contratista para iniciar el registro. Sin perder tiempo, el técnico forense Daniel Genty enchufó la bomba de desagüe para vaciar el agua del sótano, el espacio objeto de registro. Rápidamente, el olor a humedad y putrefacción comenzó a expandirse.

A los pocos minutos de comenzar a excavar en la esquina suroeste del espacio subterráneo de la casa, la pala de Genty dejó al descubierto el hueso de un brazo humano con restos de carne blanca y jabonosa: «¡Ya puede acusarle de asesinato!», gritó a Kozenczak. «¿Es Piest?», preguntó el teniente. No, no lo era; el estado de descomposición que presentaba era de alguien que llevaba varios meses enterrado, no podía ser el joven desaparecido hacía diez días.

El hedor era espeluznante, los allí presentes nunca lo olvidarían. Un poco más tarde Genty hundió su pala en el sector noreste y empezaron a salir gusanos rojos de un charco con una sustancia jabonosa. Más tarde, en el lado norte, encontraron lo que parecía ser el hueso de una rodilla, tan seco que lo confundieron con la tela de unos vaqueros. En el lado sur, otro forense encontró huesos largos de piernas. «Este lugar debe estar lleno de chicos», dijo Genty, y suspendieron la excavación por temor a dañar las pruebas y entorpecer la identificación de los cuerpos. Inmediatamente, se decidió solicitar la participación de un médico forense.

Simultáneamente, los médicos que habían examinado a Gacy no hallaron ningún signo de ataque cardíaco en su organismo y le daban el alta en el hospital. Su pulso era un poco alto, pero estaba bien. Bajo una fuerte vigilancia, Gacy fue devuelto a la oficina de policía de Des Plaines, donde fue arrestado y acusado de asesinato.

La fotografía de Gacy que tomó la policía el 22 de diciembre durante el arresto muestra a un hombre de cara hinchada, sin tono muscular y con ojos vidriosos pero sin emoción, que mira a la cámara fijamente. En la calle, los rumores cada vez más insistentes en torno al caso comenzaban a deslucir las luces de los árboles navideños y parecían oscurecer el barrio de Norwood Park.

Capítulo 6

NAVIDAD MACABRA

L a madrugada del 22 de diciembre, el Dr. Robert J. Stein, médico forense del condado de Cook, se presentó en la casa de Summerdale para organizar la búsqueda de los cuerpos.

—El área que hay que registrar debe excavarse adecuadamente para preservar la cadena de pruebas y ayudar a proporcionar una identificación adecuada de las víctimas— declaraba el especialista al *Washington Post* aquel día.

Los trabajos se realizaron tan delicada y minuciosamente que casi parecía que se trataba de una excavación arqueológica, con la diferencia de que aquí, cada nuevo descubrimiento constituía un hallazgo espeluznante.

Mientras tanto, el causante de todo este horror admitía de modo voluntario los crímenes de entre 25 y 30 personas; pero acusaba de ellos a un siniestro *alter ego* llamado Jack Hanley, que detestaba a los homosexuales y los mataba. A John le tocaba hacer el trabajo sucio de cavar y enterrarlos, y de soportar el hedor que despedían. Más tarde, conforme iba avanzando el interrogatorio, otros nombres se iban sumando a aquel: John el payaso, John el contratista, John el político... Gacy parecía tener múltiples caras bajo todas esas personalidades, aunque él culpaba al tal Hanley de ser el auténtico malo de esta historia.

Alrededor de las cuatro de la tarde del 22 de diciembre, un derrotado John W. Gacy pidió hablar con Larry Finder de la Oficina del Fiscal del Estado. Durante la conversación, comenzó a detallar dónde estaban enterrados los cuerpos, y como Finder tenía dificultades para interpretarlo, el acusado pidió un bolígrafo y un papel para explicarse mejor. Sin que le temblara el pulso, dibujó un plano señalando con rectángulos el lugar exacto en que estaban enterrados los cuerpos. Al acabar su detallado mapa, dejó caer su cabeza hacia adelante y apretó los puños. Un silencio helado reinó en la habitación. Pronto recuperó lo que parecía ser su conciencia y responsabilizó a Jack Hanley de aquel plano siniestro.

Simultáneamente, los vecinos de Summerdale Avenue eran abordados casi inquisidoramente por los reporteros de diferentes medios que llegaban al lugar de la noticia. Los vecinos, desconcertados, ponían en duda que el responsable de los asesinatos fuera su vecino. ¿Ese hombre generoso y de espíritu gregario era realmente un monstruo? No podían o no querían dar crédito a tal idea. Nadie allí sabía todavía lo que estaba ocurriendo en un despacho de la oficina de la policía.

La Navidad de la vergüenza

Los trabajos de exhumación continuaron durante el domingo 23 de diciembre, y los cuerpos desenterrados fueron trasladados al Instituto Forense del condado de Cook para su identificación. Algunos llevaban allí tanto tiempo que se habían convertido en una desagradable sustancia mantecosa.

La mayoría del personal de investigación y policial que trabajaba en el lugar cubría sus ropas con monos desechables de papel y usaban máscaras con filtros de carbono para protegerse del metano que emanaban los fluidos cadavéricos. Pero, incluso así, terminaban mareados por la pestilencia, que llegaba hasta los alrededores de la casa. Los peritos estaban realizando una labor absolutamente insalubre, no solo por el impacto psicológico, sino también por el riesgo sanitario que implicaba, ya que una pequeña herida en la piel de cualquiera de ellos podía entrar en contacto con los restos putrefactos y dar paso a temibles estreptococos.

El encargado de informar de la evolución del caso a los medios de comunicación fue el sheriff Richard Elrod. La prensa, que estaba ávida de primicias morbosas en una fecha tan especial como las vísperas de Navidad, presionaba constantemente. Pronto, la casa estuvo rodeada de una multitud

Las marcas indican el lugar donde fueron hallados los cuerpos durante las excavaciones que se realizaron en el domicilio del asesino.

de curiosos que llegaban desde la ciudad de Chicago y los suburbios de Norwood Park.

Por su parte, los vecinos también se sentían asediados. La sociedad los señalaba, de algún modo, como corresponsables de lo sucedido. ¿Cómo era posible que no hubieran notado nada raro en aquella casa? ¿Cómo pudieron comprar la falsa careta del militante demócrata devenido en payaso caritativo?

El 23 de diciembre, *The New York Times* titulaba: «Tres cuerpos más hallados debajo de la casa». Los trabajos de excavación se suspendieron los días 24 y 25, lo que no evitó que en Nochebuena se filtraran noticias funestas: ya se contabilizaban más de diez cuerpos.

La gente se amontonaba alrededor del perímetro de la casa y hasta se oyeron disparos en la noche. El 28 de diciembre, los diarios y programas de radio y televisión emitían titulares alarmantes: «Nueve cuerpos más en la tumba masiva de Illinois». La cifra ascendía a 27. El escándalo tomaba dimensiones a escala nacional, y traía a la memoria casos de asesinos en serie como Juan Corona, que fue arrestado en 1971 por el asesinato de 25 jóvenes trabajadores agrícolas, en Yuba City, California, o el de Elmer Wayner Henley, el asesino en serie de chicos adolescentes, detenido en 1973 en Houston, Texas.

Pero el horror parecía no tener fin. Entre diciembre de 1978 y marzo de 1979, los cuerpos siguieron apareciendo, tal como había detallado el propio Gacy: 28 enterrados en el sótano que estaban excavando, más uno adicional, el de John Butkovich, bajo el cemento del garaje. Gacy declaró que, además, había tirado cuatro cuerpos al río Des Plaines desde el puente I-55, entre ellos el de Robert Piest. La razón, que él explicó, fue que «no tenía más lugar y estaba agotado de excavar». Sin embargo, la realidad era que estaba apurado porque tenía que concurrir a la oficina del teniente y lo asaltó la preocupación de que alguien pudiera descubrir el cuerpo del joven Piest en el ático de su casa.

Así que, de inmediato, decidió envolver el cadáver en una manta y cargarlo en el maletero de su Oldsmobile negro. Aprovechando el anonimato que ofrece la oscuridad de una noche helada, Gacy condujo el vehículo hacia el sur, hasta el puente sobre el río Des Plaines, y allí se deshizo del bulto, echándolo a las negras aguas del río que irónicamente Rob Piest planeaba limpiar, con su proyecto para ganar las insignias de mérito como Eagle Scout.

El médico forense, Robert J. Stein, reveló también que el terrorífico cementerio de la casa de Summerdale era una obra muy ordenada, propia de un perfeccionista que hacía un uso eficiente del espacio: algunos cuerpos se encontraban dispuestos de modo paralelo sobre los cuatro lados; otros, de forma perpendicular, y algunos en diagonal, para aprovechar al máximo el área. Además, en un esfuerzo por acelerar la descomposición y minimizar el olor, Gacy había rociado los cuerpos con ácido clorhídrico (es decir, salfumán) y colocado reiteradamente capas de cal. El estado de descomposición de algunos cadáveres era idéntico. Esto significaba, como se corroboró posteriormente, que Gacy había asesinado a más de una persona en el mismo día.

Tiempo de duelo, exámenes psiquiátricos y demolición

Mientras en la morgue los forenses realizaban las autopsias e intentaban identificar a las víctimas, el 4 de enero de 1979, alrededor de 300 vecinos peregrinaron hacia la iglesia católica del vecindario, pidiendo por el descanso en paz de las víctimas. El gesto, tal vez, era un intento de limpiar la sombra de deshonra que nublaba el cielo de Norwood Park. Simultáneamente, Gacy, que estaba detenido en el hospital de la prisión del condado de Cook, comenzaba a sostener las primeras de una larga serie de entrevistas con psiquiatras y abogados criminalistas.

El 26 de abril de 1979 se sumaron a la acusación siete asesinatos más, de manera que Gacy pasó a ser el criminal con mayor

El trabajo de los investigadores en la casa de Gacy obligó a realizar varias excavaciones y a derrumbar parte de la construcción. Los vecinos de Norwood vivieron la tragedia con asombro y consternación.

número de víctimas hasta ese momento en Estados Unidos. Sin embargo, lejos de mostrar remordimiento, se mofaba de haber librado a la sociedad de sus malas hierbas. Llegó a detallar con escalofriante frialdad los métodos utilizados por Jack para atraer y luego ejecutar a los chicos, y admitió con absoluta naturalidad que, en algunas ocasiones, había dejado a los cadáveres varias horas debajo de su cama o en el ático antes de enterrarlos.

Finalmente, en abril de ese año, se dieron por concluidas las tareas de excavación en el 8213 de Summerdale Avenue. Al final de las investigaciones forenses, solo quedaba el armazón de la casa sobre un terreno pantanoso para dar testimonio del horror.

Curiosos y turistas pasaban por allí como si quisieran corroborar los relatos espantosos de las noticias. Los vecinos pidieron que la casa fuera derribada, no solo porque el valor de las propiedades de la zona había caído abruptamente tras el hallazgo, sino porque los restos fantasmales no permitían olvidar lo ocurrido. Finalmente, la casa fue declarada «insalubre», y se dispuso su demolición total, que se llevó a cabo durante los primeros días de mayo. Se esperaba ahora que la primavera trajera nuevos brotes sobre esa parcela vacía. Pero nada podía evitar que muchos se preguntaran una y otra vez cómo pudo Gacy dormir durante seis años ahí con todos aquellos cadáveres. Debía ser, sin duda, un esquizofrénico, un psicópata, un enfermo mental...

Precisamente, ese sería el argumento más contundente que la defensa esgrimiría a favor de Gacy durante el juicio. Para los menos benévolos, Gacy o el payaso Pogo no era más que la máscara del mismísimo Satanás, un perverso absoluto sin ningún derecho a atenuantes.

Capítulo 7

LAS VÍCTIMAS

En sus profusas declaraciones a lo largo de días y horas, Gacy no mostró remordimiento alguno y siempre encontró justificaciones para cada asesinato cometido: algunos habían sido en defensa propia, otros accidentales, otros los había cometido «Jack el malo», otros sus empleados de PDM...

A veces, se quedaba callado, embargado por la amnesia que le impedía recordar lo ocurrido. En otros momentos, las mentiras y los relatos incesantes se volvían laberínticos. Llegó a amenazar al fiscal Terry Sullivan con que nunca obtendrían las pruebas que buscaban porque su casa había sido construida sobre un cementerio indio. La ausencia de emoción en sus relatos y su arrogancia ante los entrevistadores revelaban una personalidad compleja de abordar, y las jornadas de análisis psicológico o policial resultaban agobiantes hasta para el más avezado de los criminalistas.

A pesar de todo, el detenido confesó a los investigadores que su primer asesinato había ocurrido en enero de 1972, y el segundo, dos años después, en enero de 1974, cuando aún estaba casado con su segunda esposa, Carole Hoff. Afirmó falsamente que todas las víctimas eran adolescentes fugitivos involucrados en temas de drogas o prostitución, como si esas circunstancias atenuaran lo reprobatorio de su conducta.

Explicó que su área de captura solía ser la estación de autobuses Greyhound de Chicago y sus alrededores. Allí podía interceptar a las víctimas por sorpresa, haciéndose pasar por un oficial de policía, o persuadirlas para subir a su Oldsmobile negro ofreciéndoles dinero a cambio de sexo o con la promesa de un trabajo en su empresa de rehabilitación de viviendas.

Una vez en la casa de Summerdale, el ritual consistía en inducir a su víctima a colocarse unas esposas a modo de juego, con la promesa de enseñarle un truco para quitárselas sin usar las llaves. Cuando su víctima ya estaba indefensa, comenzaba el calvario de violaciones y torturas sádicas. Para amortiguar los gritos de sus víctimas, introducía un calcetín o ropa interior en su boca. Si la víctima mostraba resistencia, a veces usaba cloroformo para atontarla.

Otro de sus métodos favoritos, que describió con impecable sentido didáctico, era el «truco de la cuerda» con el que Gacy estrangulaba a su presa aplicándole un torniquete mientras observaba cómo moría lentamente. El detenido reveló que algunas de sus víctimas habían convulsionado durante una o dos horas antes de morir hasta que, finalmente, las estrangulaba tirando de una cuerda o media de nailon. 12 víctimas no murieron por estrangulamiento, sino por asfixia, debido a las mordazas de tela que les había introducido profundamente en la garganta.

El perfil de sus presas

Como todo asesino en serie, Gacy tuvo un patrón preferido para matar, es decir, una clase de víctima por la que sentía pasión; en su caso, chicos y adolescentes varones de entre 14 y 21 años. Elegía a aquellos que creía que tenían algún conflicto de vínculos o que percibía vulnerables por su situación familiar.

En un período de vulnerabilidad emocional como es la adolescencia, Gacy probablemente detectaba con su olfato asesino a aquellos chicos que tenían la guardia baja. Muchas veces, se trataba de jóvenes estudiantes con empleos de media jornada en el sector de la construcción y las reparaciones, que fueron tentados por el contratista con la promesa de una paga mejor que la que tenían.

Seis de las 33 víctimas por las que fue acusado no pudieron ser identificadas; el resto se reconoció con el paso del tiempo, en algunos casos demoraron meses e incluso años. Sin embargo, se sospecha que hubo más víctimas y que esas muertes quedarán para siempre en el silencio. En aquel entonces, la policía forense recibió llamadas de familiares desesperados que querían saber si su hijo desaparecido se contaba entre ellas. Los carnés de conducir y otros objetos personales hallados en la casa de Gacy ayudaron a identificar más rápidamente a algunos muchachos. En otros casos, sin embargo, debido a la ausencia de huellas dactilares y de restos de piel, las piezas dentales y las radiografías de huesos fueron elementos determinantes para que los antropólogos forenses lograran, al fin, poner rostro y nombre a los restos recuperados.

En aquel entonces, no se disponía de muchos recursos que actualmente son de uso corriente, como microscopios potentes o tecnología de animación digital. Se tuvo que recurrir a la colocación artesanal de piel sobre los cráneos de las víctimas aún no identificadas. Cuando el trabajo estuvo terminado, se dieron a conocer las fotografías públicamente, en un intento de que algún familiar reconociera los rostros reconstruidos.

En el año 2011, los avances en materia de datos genéticos permitieron a Thomas Dart, alguacil del condado de Cook, obtener los perfiles completos de ADN de cada una de las víctimas que faltaba por identificar. Los investigadores buscaron muestras biológicas de familiares que tuvieran algún miembro varón desaparecido en Estados Unidos entre 1970 y 1979. Por este método consiguieron identificar a dos víctimas más: William George Bundy, en el año 2011, y James Haakenson, en 2017.

La lista macabra

Cada uno de los 27 cuerpos identificados por los forenses corresponde a la historia de 27 jóvenes que un día tuvieron la mala fortuna de toparse con John Wayne Gacy. De muchos de ellos, el asesino reconstruyó cronológicamente su historia final; en otros casos, la policía se encargó del rastreo de datos para la reconstrucción.

Así, Gacy reconoció haber interceptado a su primera víctima, el 3 de enero de 1972, cuando Timothy regresaba de visitar a su abuela en Michigan y se dirigía a su casa en Nebraska. Esa noche,

Timothy McCoy debía hacer tiempo en la estación de Chicago para esperar la salida del próximo autobús que lo llevaría a su destino.

En ese periodo de espera, Gacy se fijó en él y le ofreció amablemente realizar un tour por la ciudad y pasar la noche en su casa; luego lo llevaría de vuelta a la estación. El joven de 18 años fue asesinado a puñaladas en el dormitorio de la casa de Summerdale, en un confuso episodio relatado por Gacy quien, según dijo, al ver al chico preparar el desayuno con un cuchillo en la mano, pensó que quería matarlo.

Pasaron tres años para que el joven de 17 años, John Butkovich, que trabajaba en una ferretería, conociera a Gacy. El contratista le ofreció una mejor paga en su empresa y pronto se convirtió en un trabajador de confianza. Como era habitual, los empleados de Gacy iban a su casa, ya fuera a buscar la paga o porque él los invitaba a comer. Carol Hoff, la segunda esposa de Gacy, que aún vivía allí, sentía aprecio por el muchacho, a quien llamaba «el pequeño John».

Butkovich había colaborado en la mudanza de la madre de Gacy a casa de su hermana Karen, en Arkansas. La noche del 31 de julio de 1975, el «pequeño John» le comentó a su padre Marco, un inmigrante croata, que Gacy le debía la paga de varias horas de trabajo. El hombre le aconsejó que la reclamase y apremiase al contratista, amenazando que iba a denunciarlo por algunas irregularidades en el pago de impuestos. Esa noche, Butkovich decidió hacer la reclamación y se dirigió con un par de amigos a la casa de su jefe, pero no consiguió el cheque en ese momento. Esa noche fue la última vez que lo vieron. Su cuerpo fue hallado debajo del cemento del garaje de la casa de Summerdale.

Poco se conoce sobre Darrel Julius Samson (de 19 años) y las circunstancias de su desaparición, ocurrida el 6 de abril de 1976. Su cuerpo, que estaba enterrado en el sótano, pudo ser identificado entre noviembre de 1979 y marzo de 1980. En el momento de su muerte, el joven trabajaba en una empresa de alfombras,

Las víctimas de Gacy eran varones de 14 a 21 años en situación de vulnerabilidad familiar que el abusador y asesino sabía aprovechar en su beneficio. De izquierda a derecha y de arriba a abajo: Sam Dodd, Robert Winch, James Mazzara, Richard Johnston, John Butkovich, Matthew Bowman, Robert Gilroy, John Szyc, Robert Piest y Frank Landingin.

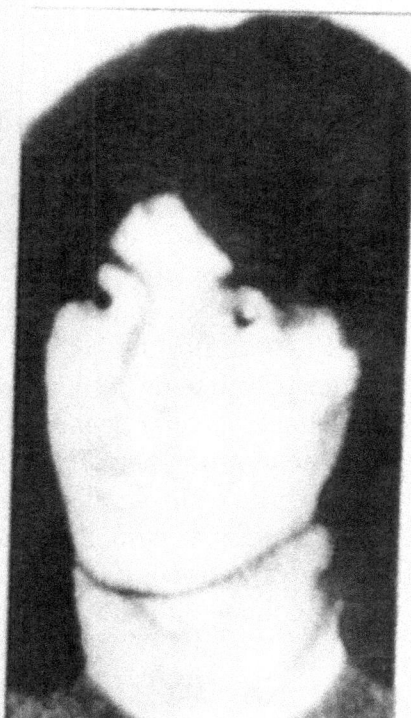

en Libertyville, Illinois. Su madre, Dolores Vance, había caminado incansablemente buscando a su hijo —que no acostumbraba a ausentarse— cuando él no regresó. Fue enterrado en el cementerio de Home Oaks en Lake Villa, Illinois.

Apenas un mes después, el 13 de mayo de 1976 desapareció Samuel Dodd Stapleton, de 14 años. Era prácticamente un niño, una de las víctimas más jóvenes de Gacy. Nunca regresó de la casa de su hermana en Chicago. Sus padres denunciaron su desaparición a la policía al día siguiente. Un brazalete encontrado entre los objetos de la casa del horror fue el indicio para la familia de que Samuel podía estar entre las víctimas del payaso. Las sospechas se confirmaron el 14 de noviembre de 1979, cuando Sam Stapleton fue identificado gracias a una radiografía anterior de su cabeza que incluía el contorno de su dentadura. El 11 de abril del mismo año —también por una radiografía anterior proporcionada por la familia que mostraba sus mandíbulas y dientes— se confirmó la identidad de otra víctima, Randall Wayne Reffett, de 15 años.

Myrtle Reffett, madre de Randall, dijo haber visto por última vez a su hijo la tarde el 14 de mayo de 1976. Se cree que fue uno de los asesinatos dobles cometidos por Gacy, debiendo ser la otra víctima, por aproximación de fechas, Sam Stapleton.

Patti Bonnin tenía cuatro años cuando su hermano mayor desapareció, el 3 de junio de 1976, pero en su memoria ha quedado el shock que padeció la familia, especialmente su padre. Mike Bonnin, de 17 años, no era un chico que tuviera razones para irse de casa, pero ciertamente Gacy elegía al azar. El hallazgo de una licencia de pesca en la casa del asesino fue la conexión que permitió a la policía alertar a la familia. Patti recuerda el día en que recibieron la llamada, dos años después de la desaparición. El muchacho fue identificado el 6 de enero de 1979 a través de sus muestras dentales, como ocurriría con el pequeño Billy el 17 de marzo de ese año.

William Carroll era un joven rebelde de 16 años con tendencia a meterse en líos. Desapareció de Chicago el 13 de junio de 1976, después de prometerle a su padre que regresaría poco después para celebrar el cumpleaños de su hermano mayor. La última vez que lo vieron subía a un coche color oscuro con tres o cuatro amigos. Sus muestras dentales permitieron identificar los restos exhumados de la zona de rastreo. «Little Billy» es la canción que el grupo The Soakes Lonesome compuso en memoria de Carroll, y puede encontrarse en Internet.

James Byron Haakenson, de 16 años, fue la última víctima identificada hasta hoy. Se logró en 2017, gracias al análisis de ADN. Si bien su madre intentó determinar en 1979 si el cuerpo de su hijo estaba enterrado en la casa del horror, no pudo hacerlo, ya que no tenía muestras dentales. Sin embargo, 40 años más tarde, los hermanos de Jimmy, alentados por una sobrina, suministraron a los investigadores su ADN y obtuvieron la confirmación. La última vez que la madre de Jimmy tuvo noticias de su hijo fue el 5 de agosto de 1976, cuando el joven la llamó para avisarle de que había llegado a Chicago.

Se cree que Rick Johnston, de 17 años, fue asesinado casi al mismo tiempo que James Haakenson. Rick vivía en casa de su familia en Bensenville. Estaba a punto de graduarse en el instituto cuando, el 6 de agosto de 1979, su madre lo dejó en la puerta del salón de baile de Aragón para asistir a un concierto. Rick nunca la llamó para que fueran a buscarlo. En enero de 1979, los restos dentales permitieron su identificación.

William George Bundy, 19 años, era un apuesto atleta y un buzo consumado que asistía a la escuela de secundaria Nicholas Senn en Chicago, Illinois. Desapareció en octubre de 1976, después de ir a una fiesta y tras haber olvidado su cartera en casa. El joven, se cree, había realizado algunos trabajos de construcción para Gacy. Durante 35 años se desconoció su paradero hasta que las investigaciones a cargo del sheriff del condado de Cook, Tom Dart, confirmaron en

2011, gracias al ADN proporcionado por sus hermanos, que Bundy era otra de las víctimas no identificada de Gacy.

Se sospecha que los casos de Michael Marino, de 14 años y Kenneth Parker, de 16 años, fueron otro doble asesinato. La madre de Micky, Sherry Marino, quien nunca acabó de convencerse de que su hijo estuviera entre las víctimas, a pesar de las pruebas de ADN, explicó a la policía que había desaparecido el 24 de octubre de 1976.

Micky había salido de su casa alrededor de las dos de la tarde para ir con otro chico, Kenneth Parker, a una sala de juegos local, cerca de un restaurante en Clark Street y Diversey Parkway, una intersección en la que Gacy recogió a muchas de sus víctimas. Michael y su amigo Kenneth compartieron fosa común en casa de Gacy, por lo que los investigadores suponen que fueron asesinados al mismo tiempo.

El 11 de diciembre de 1976, Gregory Gokzik, un apuesto joven de 17 años que estaba a punto de graduarse en la Taft School, se preparaba para asistir a una cita especial con su novia, Judy. Si bien se vio con ella y la dejó en su casa, nunca regresó a la suya propia. Su coche fue encontrado abandonado y su familia contrató a un investigador privado para dar con su paradero.

Tanto la madre como la novia de Gregory intentaron varias veces hablar con Gacy, el jefe del joven desparecido, pero este se mostraba adusto y llegó a decirles que el chico había huido. El cuerpo de Gregory Godzik fue encontrado en el sótano de Gacy e identificado a través de muestras dentales en enero de 1979. Gacy afirmó durante el juicio que Godzik había cavado su propia tumba sin saberlo, cuando el propio Gacy le ordenó excavar unas zanjas para tuberías.

Durante el primer registro de la casa de Gacy, el 15 de diciembre de 1978, un anillo de Maine West High School con las iniciales JAS llamó la atención de los policías. No está claro qué estaba haciendo John A. Szyc, de 19 años, antes de desaparecer el 20 de enero de

1977, pero aquel era su anillo. Su madre aportó otros datos que sirvieron de prueba al teniente Kozenczak antes del arresto de Gacy: un televisor Motorola propiedad de Szyc estaba en casa del payaso, y también el coche del joven, que había sido vendido a nombre del contratista y que conducía uno de sus empleados.

Oriundo de Kalamazoo, Michigan, Jon Prestidge, de 20 años, llegó a Chicago para visitar a unos amigos y, según parece, un contratista le ofreció trabajo. El 15 de marzo de 1977, le comentó a un amigo que iría a conocer Bughouse Square y que tomaría un café en un restaurante cercano. Nunca más se supo de él. Las muestras dentales proporcionadas por su madre confirmaron, en enero de 1979, que uno de los cuerpos encontrados en el espacio subterráneo de la casa de Gacy era el de Prestidge.

El joven, que en el momento de desaparecer vivía en casa de su hermana Laura y su cuñado Kevin Mortell, en Crystal Lake, estaba buscando trabajo. Su hermana fue la que notificó la desaparición de Matthew Bowman, de 18 años, el 5 de julio de 1977. También su madre y su padrastro, el Sr. y la Sra. Todorich, denunciaron su desaparición. La cuerda con la que fue estrangulado aún estaba alrededor de su cuello cuando fue desenterrado. Lo identificaron el 27 de enero de 1979.

Robert Gilroy desapareció el 15 de septiembre de 1977, cuando se despidió de sus padres para ir a una clase de equitación. Tenía 18 años y era el hijo de un sargento de policía de Chicago que vivía muy cerca de la casa de Gacy. Cuando la familia comenzó a indagar sobre el paradero de Gilroy, se enteraron de que hacía semanas que no asistía a las clases; entonces pensaron que había viajado a Maryland para un entrenamiento especial. Por esta razón no realizaron la denuncia de desaparición hasta el 27 de septiembre de 1977. Pudo ser identificado gracias a las muestras dentales el 6 de enero de 1979.

La historia de la familia de Mowery parece marcada por la tragedia, ya que la hermana del joven John Mowery, Judith, había sido asesinada seis años antes de la desaparición de su hermano. Mowery acababa de terminar un entrenamiento de 18 meses con el Cuerpo de Marines. La noche del 25 de septiembre de 1977 fue la última vez que su familia lo vio. Tenía 19 años. Fue identificado el 27 de enero de 1979.

Hasta donde se sabe, Russell Nelson (de 21 o 22 años) fue la primera víctima de Gacy fuera del área de Chicago. Se trataba de un estudiante de la Universidad de Minnesota que había ido a Chicago con un amigo a trabajar para un contratista, pero se desconoce si este era Gacy. La última vez que se supo de él fue cuando llamó a su madre por su cumpleaños, el 17 de octubre de 1977. Nelson fue identificado el 6 de enero de 1979 a través de muestras dentales.

Otra de las víctimas procedente de Kalamazoo, Michigan, fue Robert Winch, quien se mudó a Chicago a sus 18 años dejando atrás un hogar de acogida. Fue visto con vida por última vez el 11 de noviembre de 1977. Una llamativa hebilla de cinturón, decorada con una piedra ojo de tigre, encontrada en la casa de Gacy lo vinculaba con él. Finalmente, fue identificado el 12 de septiembre de 1979, gracias a unas cicatrices en los huesos, producto de un accidente anterior.

Tommy Boling, de 20 años, estaba casado y tenía un hijo pequeño de tres años. Su hermana declaró que, en el momento de desaparecer, estaba consumiendo drogas. A partir del 18 de noviembre de 1977 no se supo más de él. Su anillo de bodas y sus muestras dentales fueron la prueba para identificarlo el 12 de septiembre de 1979. También había sido enterrado en el piso subterráneo.

La última vez que la madre del marine estadounidense David Talsma tuvo noticias de su hijo fue el 9 de diciembre de 1977, cuando el joven de 20 años le explicó que asistiría a un concierto de rock en Hammond. Talsma fue estrangulado con una cinta y enterrado en el sótano. El día que habría cumplido 21 años, el

16 de noviembre de 1979, el cuerpo de David Talsma fue identificado mediante la comparación de las radiografías de una fractura curada de la escápula izquierda.

William Kindred, de 19 años, solía hacer autostop, como muchos otros jóvenes de su edad. En esa circunstancia había conocido a su novia, Mary Paulus, en julio de 1977. La familia informó de la desaparición de William el 16 de febrero de 1978 al ver que no regresaba a su casa. Mary conocía a Gacy, pero no está claro si su novio también. Su cuerpo fue identificado el 21 de mayo de 1979.

Timothy O'Rourke fue una de las víctimas que Gacy arrojó al río. Desapareció el 30 de junio de 1978 con 20 años. Sus amigos dijeron que iba a bares gay que Gacy también frecuentaba. Su cuerpo fue hallado por la policía flotando boca abajo en el río Des Plaines, cerca de la presa de la isla de Dresden. Pudo ser identificado por sus huellas digitales. Además, en el brazo izquierdo lucía un particular tatuaje que decía «Tim Lee».

El 12 de noviembre de 1978, la policía sacó del río Des Plaines un cuerpo sin identificar. Sin embargo, cuando el 26 de diciembre los oficiales hallaron en la casa de Gacy algunos objetos personales de Frank Landingin, pronto los relacionaron con el cuerpo hallado en el río, y finalmente, sus padres reconocieron el cuerpo. También se confirmó su identidad por las huellas digitales y muestras dentales. Landingin tenía en su haber varios arrestos por hurtos, drogas y atropellos. La última vez que su familia lo vio, dijo a su padre que iba a buscar a su novia, pero no se puede confirmar qué estaba haciendo el 4 de noviembre de 1978, cuando desapareció. Murió a los 19 años por asfixia cuando Gacy le introdujo ropa interior en la garganta.

Gacy admitió haber arrojado el cuerpo de James «Mojo» Mazzara al río Des Plaines. El joven de 20 años había desaparecido el 23 de noviembre de 1978, tras ser desalojado de la vivienda que compartía con unos amigos en Clark Street, muy cerca de

Bughouse Square, parque frecuentado por Gacy. Mazzara fue la penúltima víctima. No se pudo determinar la causa de su muerte. El cuerpo fue hallado el 28 de diciembre de 1978 e identificado por sus huellas digitales.

Robert Piest, de 15 años, fue la última víctima de uno de los criminales más prolíficos de la historia de Estados Unidos y no respondía al patrón habitual. Se trató de un estudiante con honores de Maine West, amante de la naturaleza, que trabajaba para comprarse un jeep y realizar safaris fotográficos, con proyectos de ecología para ganar insignias de scout. La insistencia y el acompañamiento a la policía que hizo su familia fue determinante en su búsqueda, así como la acción de los detectives que investigaron el caso.

Desapareció el 11 de diciembre de 1978, cuando fue a una entrevista de trabajo con el contratista. Gacy confesó haber arrojado el cuerpo de Piest al río Des Plaines, que fue recuperado e identificado positivamente el 9 de abril de 1979.

Víctimas no identificadas
Las víctimas no identificadas del siniestro payaso fueron enterradas en 1981 bajo lápidas con la inscripción «Somos recordados». Se cree que Gacy mató a muchos más, ya que llegó a confesar que su primer asesinato lo cometió a los 15 años, pero, lamentablemente, nunca podremos saber toda la verdad.

Capítulo 8

EL REY DEL POLLO FRITO

El 17 de marzo de 1942, día de San Patricio, nacía en Chicago, Illinois, el segundo hijo de Marion Elaine Robinson y de John Stanley Gacy. Su nombre, John Wayne, se lo pusieron en honor al legendario actor norteamericano, a quien su madre admiraba. Aquel día, John padre veía hecho realidad su sueño de tener un hijo varón que haría perdurar el apellido de la familia. De ascendencia polaca y danesa, los padres del recién nacido ya tenían una hija de dos años llamada Joanne, y dos años después llegaría Karen, la menor de los tres hermanos.

Gacy padre, un hombre agresivo y rústico, trabajaba como mecánico. Era veterano de la Primera Guerra Mundial, lo que aparentemente le había dejado notables secuelas, como su adicción al alcohol y los ataques incontrolables de violencia. Su comportamiento explosivo e impredecible iba desde insultos hasta arrojar platos, golpear a su esposa y a sus hijos, y castigarlos con el cinturón o con una fusta. El detonante podía ser un comportamiento indeseado, aunque muchas veces ni siquiera había un motivo claro.

Los vecinos de la casa de una sola planta de North Opal Ave., donde vivían, lo habían denunciado en varias ocasiones por violencia doméstica. Sin embargo, cuando la calma volvía al hogar, la vida familiar seguía como si nada hubiera ocurrido. Marion era la clase de mujer que lo aguantaba y lo justificaba todo con tal de mantener a la familia unida. Unos años más tarde, durante las entrevistas que la psiquiatra forense Helen Morrinson mantuvo con ella, se puso de manifiesto que Marion tenía problemas mentales y un apego enfermizo con su hijo.

El parto de Gacy junior fue largo y el recién nacido estaba morado cuando llegó al mundo. De salud física delicada desde pequeño, su madre contó que le aplicaba enemas y le ponía supositorios durante los primeros meses de vida, unas prácticas que nunca podrían haber sido prescritas por un médico y que debieron de haber resultado traumáticas para el bebé. Marion, farmacéutica de profesión, explicó que ella misma había decidido dar este tratamiento al recién nacido por los problemas respiratorios que presentaba.

Al parecer, el pequeño, que pronto se convirtió en el protegido de las mujeres del hogar, no se mostraba como un jugador de béisbol, ni un intrépido explorador como los demás chicos, ni un amante del deporte favorito de su padre, la pesca. John prefería estar en casa cocinando o haciendo tareas de jardinería con sus hermanas. Tal vez, era porque se sentía más seguro con ellas que con un padre que solo le exigía obediencia a cambio de continuas desaprobaciones e insultos hirientes. En ese clima violento y de agresiones, el niño crecía y el padre se ensañaba cada vez más con él.

En 1952, cuando Gacy tenía diez años, la familia se mudó a una casa más grande y cercana a Chicago, en el 4505 de North Marmora Avenue. El sótano de esa vivienda se convirtió en un lugar exclusivo para el padre de Gacy. Allí tenía todas sus herramientas de trabajo celosamente guardadas y pasaba largas horas encerrado, bebiendo brandi, gritando y hablando solo. Si era la hora de cenar y él estaba allí, todos esperaban en silencio, sin molestarlo ni probar bocado para no enfurecerlo.

Para John, el amor y el reconocimiento paterno se convirtieron en una meta obsesiva e inalcanzable. Su padre lo tildaba, incluso frente a otros, de tonto, inútil y «mariquita» (un calificativo despectivo usado impropiamente para referirse a un hombre con modos que se consideran femeninos). Johnny sufría de sobrepeso, era sonámbulo y padecía desvanecimientos, que según su padre eran fingidos con el fin de llamar la atención. A los 15 años le diagnosticaron epilepsia, presuntamente por un coágulo de sangre en el cerebro, provocado por una caída que tuvo de niño.

Esta enfermedad conllevó problemas cardíacos y malestares diversos. Algunos psiquiatras dirían muy posteriormente que la hipocondría permanente era parte de su compleja personalidad. Lo cierto fue que, a pesar de sus esfuerzos por ser un niño como los demás y ser reconocido por su buen comportamiento en la escuela y en el vecindario, Gacy Jr. nunca pudo alcanzar las expectativas de su padre, lo que le provocó una gran frustración. Sin embargo, no mostraba su debilidad e, incluso cuando lo azotaban, ese Gacy niño no derramaba una sola lágrima.

El despunte de su sexualidad fue confuso y estuvo guiado por las explicaciones de su madre, que enaltecían el arte del sexo. Durante la adolescencia, Johnny guardaba bragas y corpiños de su progenitora en el armario para ponérselos cuando estaba a solas. Sufrió un abuso a los nueve años por parte de un amigo de la familia, y ya de adolescente tuvo algunas novias, aunque sus preferencias eran ambiguas.

De repente, lejos de casa

A pesar de que los análisis psiquiátricos revelaron más tarde que Gacy poseía una inteligencia superior a la media, durante los años de secundaria sus calificaciones siempre fueron deficientes, por lo que cambió de colegio varias veces y no pudo concluir el bachillerato. Esto aumentó el rechazo de su padre, a la vez que el sentimiento de fracaso en John.

A los 20 años, Gacy abandonó la casa materna de improviso y sin dejar rastro. El detonante, al parecer, fue un automóvil que le estaba pagando en cuotas a su padre. Por lo visto, Johnny se atrasó en el pago y su padre le prohibió usarlo. Y lo hizo de modo práctico: primero le quitó las llaves y luego, una tapa del distribuidor.

Sin titulación de secundaria, lo único que consiguió en aquel momento fue un mal empleo en Las Vegas, Nevada, como chofer de ambulancias de una morgue. Pero al descubrir que aún no tenía 21 años, lo trasladaron a la morgue con un puesto de asistente. Gacy se sintió denigrado por ese trato, y años después confesaría que llegó a dormir junto al cadáver de un adolescente, experiencia que le resultó perturbadora. A los tres meses y con unos pocos ahorros en sus bolsillos, quiso volver a su casa. Llamó a su madre para saber si podía regresar y su padre estuvo de acuerdo.

Al poco tiempo, decidió realizar un curso anual de negocios en el Northwestern Business College, y esta vez todo le fue bien. Se graduó con buenas calificaciones y obtuvo recomendaciones suficientes para obtener un puesto de aprendiz en un importante negocio de calzados, Nunn Bush Shoes; aunque luego exageraría ese logro diciendo que, en 1963, a la edad de 21 años, ya era gerente. John sabía trabajar duro, era ambicioso y tenía todo el perfil del vendedor elocuente, por lo cual no tardó en ser ascendido y trasladado a Springfield para dirigir la sección de calzado en los almacenes Roberts.

Esta promoción significó una gran conquista personal para Gacy; por fin podría demostrarle al «viejo» de lo que era capaz. Fue así como el flamante gerente se mudó a la capital de Illinois acompañado de sus tíos preferidos. Ya no tendría que soportar más humillaciones. ¿Fue allí donde comenzó a nacer un nuevo Gacy, seguro de sí mismo, prepotente y capaz de abusar de sus subordinados? ¿Interpretaría a partir de ahora el temible personaje del viejo Gacy, su padre? ¿Hasta dónde podía llegar?

Muy lejos. Rápidamente, tejió contactos y comenzó a forjarse una imagen pública cuando se unió a la Cámara Junior de Comercio de Springfield. En 1964, ya era el candidato favorito en las próximas elecciones del Jaycees, nombre popular de la Cámara Junior de Estados Unidos, una reconocida asociación cívica sin ánimo de lucro para formar líderes. En febrero de ese mismo año, conoció a Marlynn Myers en las tiendas Roberts, y en septiembre ya se casaron. Ella provenía de una familia acomodada, y su padre, Fred Myers, no veía con agrado a Gacy, a pesar de que pronto llegaría el primer hijo de la pareja.

En 1966, la familia se mudó a Waterloo, Iowa, donde John comenzó a administrar un negocio de la famosa cadena de franquicias Kentucky Fried Chicken, perteneciente a su suegro. Con tan solo 24 años, ya había conformado una familia, su primogénito estaba por nacer, y aprendía rápidamente el funcionamiento del negocio de comida rápida. A pesar de tener largas jornadas de trabajo, de entre 10 y 14 horas, era un miembro muy activo del Jaycees de Waterloo y participaba como voluntario en la recaudación de fondos, o aportando su tiempo y habilidades en diferentes proyectos comunitarios.

Un excompañero del Jaycees, Steve Pottinger, lo recordó como un hombre incansable, fanfarrón y arrogante, con necesidad constante de reconocimiento que, sin embargo, resultaba un miembro invaluable para el club por su capacidad inagotable de trabajo. Gacy podía conseguir en sola una tarde que 20 nuevos miembros se afiliaran al club; su habilidad para persuadir y manipular era la propia de un estafador con mayúsculas.

En la época en la que alcanzaba la cúspide en los Jaycees de Iowa, ya se rumoreaba que estaba involucrado en fiestas de intercambio de parejas con algunos miembros del club y que tenía también inclinaciones homosexuales. En el sótano de su casa, había habilitado un espacio para beber con amigos.

Algunos de ellos recordarían años después ciertas peculiaridades de su personalidad, como que le gustaba jugar a hacer de policía. Tanto era así que había organizado una patrulla compuesta por ciudadanos comunes, pensada para proteger locales comerciales de la zona como apoyo extrapolicial. Como líder de aquella iniciativa, Gacy portaba un arma y una luz intermitente que podía colocar sobre el techo del coche.

Los aspectos más sombríos o irritantes de su figura pública parecían quedar minimizados por sus constantes esfuerzos comunitarios en búsqueda de aceptación y reconocimiento. En el ámbito privado, Gacy siempre demostró ser amoroso con sus hijos. En 1967 nació la segunda hija del matrimonio, que encontró en casa un padre orgulloso que dedicaba tiempo a sus pequeños. Para ese entonces, Stanley, el padre de Gacy, fue de visita para conocer a sus nietos; esta vez no hubo gritos ni humillaciones, al parecer, John «el inútil» había conseguido al fin su aprobación.

Con contactos en el gobierno local y en las fuerzas policiales y nombrado miembro destacado del Jaycees, en 1967 Gacy estaba en su mejor momento: se postularía como candidato a la presidencia del club. Pero sus ambiciones no terminaban allí, aspiraba llegar a alcalde; aunque, de pronto, un suceso inesperado truncó sus proyectos de progreso.

Primeros antecedentes

El adolescente Donald Voorhees, hijo de un compañero del Jaycees, guardó su secreto algunos meses; pero, en marzo de 1968, no aguantó más y le confesó a su padre que había sufrido abusos sexuales por parte del destacado miembro del club John Wayne Gacy. El hecho había ocurrido en agosto de 1967, cuando Gacy embaucó al adolescente de 15 años haciéndose pasar por confidente. Lo había invitado a su casa a ver películas pornográficas, aprovechando que Marlynn y los niños estaban fuera.

Con su inescrupulosa habilidad para convencer a los demás de las ideas más descabelladas, le dijo al joven que participaba en una investigación científica sobre la iniciación sexual entre varones y, finalmente, terminó abusando del muchacho, obligándolo a practicar sexo oral y anal. Cuando el padre de Voorhees se enteró, realizó inmediatamente la denuncia. Durante la investigación policial, el acusado se declaró inocente y tachó a la acusación de pretender desprestigiarlo, ya que el padre del muchacho competía con él por la presidencia del club.

Antes de que llamaran a testificar al joven, Gacy envió a un empleado suyo a intimidarlo, para que desistiera de las acusaciones. Así, bajo coerción y manipulación de su jefe, el joven Russell Schroeder roció gas lacrimógeno en el rostro de Donald y le dio una paliza hasta que este cayó a un arroyo. A pesar de la brutal advertencia, Voorhees testificó. Y no fue el único caso. Durante el proceso, otro adolescente, Edward Lynch, de 17 años, también lo acusó de intento de violación.

Para ese entonces, con sus contradicciones inconsistentes y sin haber podido pasar la segunda prueba del polígrafo o detector de mentiras, Gacy estaba contra las cuerdas. El círculo de Waterloo ya no miraba con los mismos ojos al voluntarioso empresario, y se rumoreaba que otros jóvenes empleados de la cadena de pollo frito habían sufrido abusos por parte de su jefe.

El 3 de septiembre de 1968, una evaluación psiquiátrica realizada en el hospital psiquiátrico de la Iowa State University concluyó que el acusado tenía una personalidad claramente antisocial que difícilmente se veía beneficiada por un tratamiento médico. Fue así como, el 3 de diciembre, Gacy fue condenado a pasar diez años en la penitenciaría estatal de Anamosa. Ese mismo día, Marlynn pidió el divorcio. Ni ella ni sus hijos volvieron a verle jamás.

Capítulo 9

EL PRINCIPIO DEL FIN

En el juicio, Gacy escuchó sin pestañear la condena por sodomía, aunque se percibía a sí mismo como víctima de Donald Voorhees, ya que, según él, el acto sexual había sido consentido y voluntario.

En Anamosa, Iowa, una prisión de seguridad media, conocida como reformatorio de jóvenes delincuentes, Gacy desarrolló rápidamente una intensa vida social, relacionándose con reclusos, celadores y trabajadores sociales. Se paseaba por la cárcel vestido con una camisa blanca impecable y con un cigarro en la mano, un indicador de que gozaba de privilegios y del estatus superior que tenía como recluso.

Sus desmayos y sus antecedentes cardíacos le sirvieron para salir ileso de las situaciones conflictivas que supone la convivencia entre rejas. También se ganó la confianza de las autoridades y, en tan solo ocho meses, consiguió ser el jefe de cocina de la penitenciaría: su gran talento culinario fue muy valorado e incluso preparaba platos exclusivos para algunos internos.

Gacy se esmeraba en probar nuevas recetas, mejoró la calidad del menú en general e involucró a los subalternos como si estuviera dirigiendo un restaurante. Tan buena reputación ganó en esta función que, en diciembre de 1969, fue entrevistado por un canal de televisión para hablar sobre la cena de Nochebuena en el reformatorio, transmisión en la que se le pudo ver cantando villancicos junto a sus compañeros.

Esa Navidad sería para él, sin embargo, una de las más tristes en su vida, porque su padre estaba agonizando en el hospital debido a una cirrosis y falleció la mañana del 25 de diciembre. John estaba convencido de que él, de algún modo, había contribuido con su muerte. Seguramente, el viejo Stanley había fallecido de vergüenza por las acusaciones que pesaban sobre su hijo.

En la penitenciaría de Anamosa había algunos jóvenes detenidos que pertenecían, como él, al club del Jaycees. Gacy rápidamente se convirtió en su líder y logró triplicar el número de integrantes alistando él mismo a otros reclusos. Además, llevó adelante iniciativas para mejorar las condiciones del reformatorio, entre ellas, la creación de un minicampo de golf para la rehabilitación de los prisioneros. Su labor en la cárcel no se detenía nunca. Mientras los reclusos tomaban el sol en el patio, Gacy iba y venía con un maletín negro en la mano, trabajando duro e incesantemente. Terminó los estudios secundarios en la cárcel y se convirtió en un prisionero modelo. Además, se esmeró en dejar claro que odiaba a los homosexuales. ¿Quién podía no creer a ese hombre popular y emprendedor incansable que había sido víctima de una emboscada por sus rivales políticos allí afuera? Una vez más, Gacy había persuadido a su entorno con su versión de los hechos: la injusticia de ser condenado a diez años solamente por mostrar películas porno a unos adolescentes.

De regreso a casa: volver a empezar

Gacy apeló para obtener una libertad condicional anticipada. Cualquier prisionero en su condición podía solicitarla tras cinco años en prisión, pero él la pidió mucho antes de cumplir esos años. Si bien se le negó de entrada, finalmente la obtuvo en mayo de 1970. ¡Tan solo había estado 17 meses en prisión!

El 19 de octubre de 1971, quedó finalmente libre de la condicional, a pesar de que el 12 de febrero de ese mismo año había sido arrestado, después de que un adolescente lo acusara de haberlo recogido en una estación de autobuses y de intentar obligarle a practicar sexo. El cargo fue desestimado cuando el joven no compareció ante el tribunal. Al parecer, el oficial de libertad condicional de Gacy no estuvo al tanto de aquel incidente.

Cuando John Wayne Gacy salió de prisión, regresó a casa de su madre, ya viuda, en Chicago. Ahora vivía en un inmueble que el padre había comprado para pasar sus años de jubilado. El expresidiario consiguió trabajo como cocinero en Bruno Lounge Restaurant, y como era de esperar, tomó el mando de la cocina rápidamente.

Sin embargo, este era un empleo transitorio para él, pues estaba planeando tener su propio negocio. Y, como era bueno pintando, en sus horas libres ganaba dinero extra con este tipo de trabajos. Alentado por Marion, su madre, proyectó crear una empresa de mantenimiento, a la que llamó PDM Contractors, dedicada a realizar trabajos de pintura, decoración y mantenimiento.

Gacy era muy capaz y el negocio comenzó a crecer. Con la ayuda de su madre y de sus hermanas, compró una casa amplia y sólida en el municipio de Norwood Park, con espacio suficiente para convertirla en el centro de operaciones de PDM. Así, el 15 de agosto de 1971 John y su madre se mudaban a la casa del 8213 de Summerdale Avenue. Gacy alquiló uno de los cuartos al joven Mickel Ried, que se había asociado a PDM, y tuvo relaciones sexuales ocasionales con él. A menudo discutían por dinero con su socio, pero un día, y sin mediar conflicto, estando ambos en el garaje de la casa, Gacy lo golpeó por la espalda con un martillo. Ried recuerda haber visto algo extraño en su mirada; al día siguiente, dejó la casa.

Por esos días comenzaba a visitarlos Carol Hoff (en algunas fuentes, Carole Lofgren), una vieja amiga de la familia, que había ido al instituto con Karen, la hermana menor de John. Acababa de divorciarse y no resultaba fácil estar sola con dos niñas, Tammy y April, ni tampoco llegar a fin de mes. Nunca se había fijado en John, a quien veía como a un hermano, pero pronto comenzó a sentirse escuchada por él; era agradable y comprensivo.

Gacy le había confesado su bisexualidad y su condición de exconvicto. Ella confió en el hombre trabajador que era bueno con las pequeñas y aceptó de buen grado contraer matrimonio con él. La boda se celebró el 1 de julio de 1972. La esposa en segundas nupcias se trasladó a la casa de Summerdale con las niñas. Al poco tiempo, la madre de Gacy se mudó a su edificio en Anamosa para no molestar a la flamante pareja.

Aunque al principio todo parecía andar sobre ruedas, pronto Carol comenzó a tener discusiones con su esposo. Gacy trabajaba muchas horas y, además, se involucraba en un sinfín de compromisos vecinales y políticos. Sin embargo, no era esta ausencia del hogar lo que más molestaba a Carol, sino que el carácter de John se tornaba cada vez más hostil y conflictivo.

No solo dejaron de tener encuentros íntimos, sino que él había perdido el cuidado con sus niñas, y podía masturbarse desnudo en cualquier parte de la casa mirando revistas de gays. Carol también descubrió que su marido tenía relaciones sexuales con algunos de sus jóvenes empleados y, al parecer, no todas habían sido consentidas, puesto que uno de ellos lo había golpeado frente a la casa. Ante las protestas de Carol, Gacy reaccionó con ataques de ira y rompió algunos muebles. También se volvió tacaño con el dinero que le daba a su esposa. Finalmente, Carol se marchó con sus hijas de la casa de Summerdale después de tres años de matrimonio. El 2 de marzo de 1976 sellaron su divorcio de común acuerdo.

Doble vida

A los 33 años, el candidato a concejal por el Partido Demócrata y hombre de negocios con conexiones políticas estaba finalmente libre de cualquier atadura. Ya no tenía necesidad de reprimir ningún impulso; las calles de Chicago estaban repletas de adolescentes en búsqueda de nuevas experiencias, muchachos con conflictos en casa que querían hacer dinero para independizarse o comprar drogas. Creía que era necesario limpiar la ciudad de homosexuales, de esos «maricas» que tanto le atraían y a los que, al mismo tiempo, Gacy despreciaba. Esos adolescentes no tenían para él la entidad de personas, eran presas a las que había que cazar para pasar un buen rato torturándolos hasta su muerte, y luego, sin culpa ni miedo, enterrarlas para seguir su jornada laboral como si nada hubiera ocurrido.

Había llegado el momento de que él, ¿el verdadero Gacy?, actuara con total impunidad. Pero ¿quién era John Wayne Gacy? Convivían en él el hermano cariñoso y atento a todo lo que sus hermanas y

«Ma» pudiesen necesitar; el vecino solícito que siempre lograba encontrar instalaciones para un evento benéfico, y hasta el payaso Pogo del club de voluntarios Jolly Jokers que animaba fiestas infantiles para los niños enfermos del hospital. En esos años, resultó ser un excelente anfitrión que organizaba fiestas anuales en su casa con hasta 400 invitados y que, a la hora de despedirlos, nunca se olvidaba de repartir generosamente los restos de licor y comida. Y, sin embargo, los buenos modales y los gestos solidarios se evaporaban en un abrir y cerrar de ojos cuando estaba con sus empleados adolescentes, a quienes trataba a gritos, chantajeaba a cambio de favores sexuales y regateaba la paga.

Sus mentiras compulsivas le servían para persuadir, fanfarronear, engañar y manipular a quien se propusiera. Cualquier intento de denuncia contra su persona por parte de sus víctimas vivas era desestimado, Gacy tendría siempre el arte de intimidar para no ser delatado, tanto como de persuadir a la policía de que cualquier intercambio o juego sexual por el que pudiera ser acusado había sido consensuado.

Paralelamente, Gacy ganaba popularidad con su espectáculo como payaso y escaló posiciones en el Partido Demócrata local, gracias a lo cual fue fotografiado con la primera dama, Rosalynn Carter. Incluso podía vanagloriarse del autógrafo de Rosalynn Carter en la fotografía con la leyenda: «Para John Gacy. Los mejores deseos». Una imagen que salió en los periódicos y que todo el mundo vio.

Pero una turbación creciente palpitaba en el interior del ciudadano ejemplar. Cada fin de año, en vísperas de Navidad, John hijo visitaba la tumba de John padre y volvía destrozado, fuera de control, según relató años más tarde su segunda exesposa. Carol evocó especialmente la Navidad de 1971, cuando su futuro esposo había llorado desconsoladamente sobre su hombro al volver del cementerio: no toleraba la idea de haber defraudado al viejo y de que no lo hubieran dejado ir al funeral mientras estuvo en prisión. La fecha es importante, porque en enero de 1972, Gacy cometió el primer crimen que se le pudo comprobar. Tenía 30 años y estaba en una fiesta familiar con su madre. Bebió mucho durante la celebración y cuando se aburrió, simplemente se metió en el coche y se fue. «Solo iba a dar un paseo», le dijo a la policía posteriormente. Durante el viaje, vio a un chico rubio en la parada de autobús; era Tim McCoy, a quien él mismo apodó como el «chico del autobús».

Según el testimonio del asesino, lo invitó a su casa, donde bebieron, comieron algo y mantuvieron sexo. El joven volvería a la mañana siguiente a la estación de autobuses para regresar a su casa en Glenwood, Iowa. En una de las versiones relatadas por Gacy, esa mañana debió defenderse cuando el chico intentó atacarlo con un cuchillo. Los investigadores creen que realmente el asesinato de McCoy fue accidental. Pero Gacy no informó del hecho a la policía; en su lugar, enterró el cuerpo en el sótano de su casa y siguió su vida normalmente, excepto por un detalle: «Sentí como una fuerza desde la punta de los dedos hasta el cerebro... Cuando terminé, miré los pantalones del pijama. Estaban manchados de sangre, pero también de otra cosa. Durante la lucha, experimenté una poderosa liberación sexual».

A partir de ese momento, ya nada lo detendría. Entre 1972 y 1978, año en que fue detenido, el frenético impulso de capturar, torturar y matar a jóvenes adolescentes pareció no tener límites. Llegó incluso a matar a más de uno por día. Nadie sospechaba y nadie lo detenía, y su sensación de impunidad y omnipotencia aumentaba cada vez más. John se creía listo y consideraba que los demás eran solo miserables maricas o estúpidos. Se decía a sí mismo que John Wayne Gacy estaba haciendo un buen trabajo a favor de la sociedad.

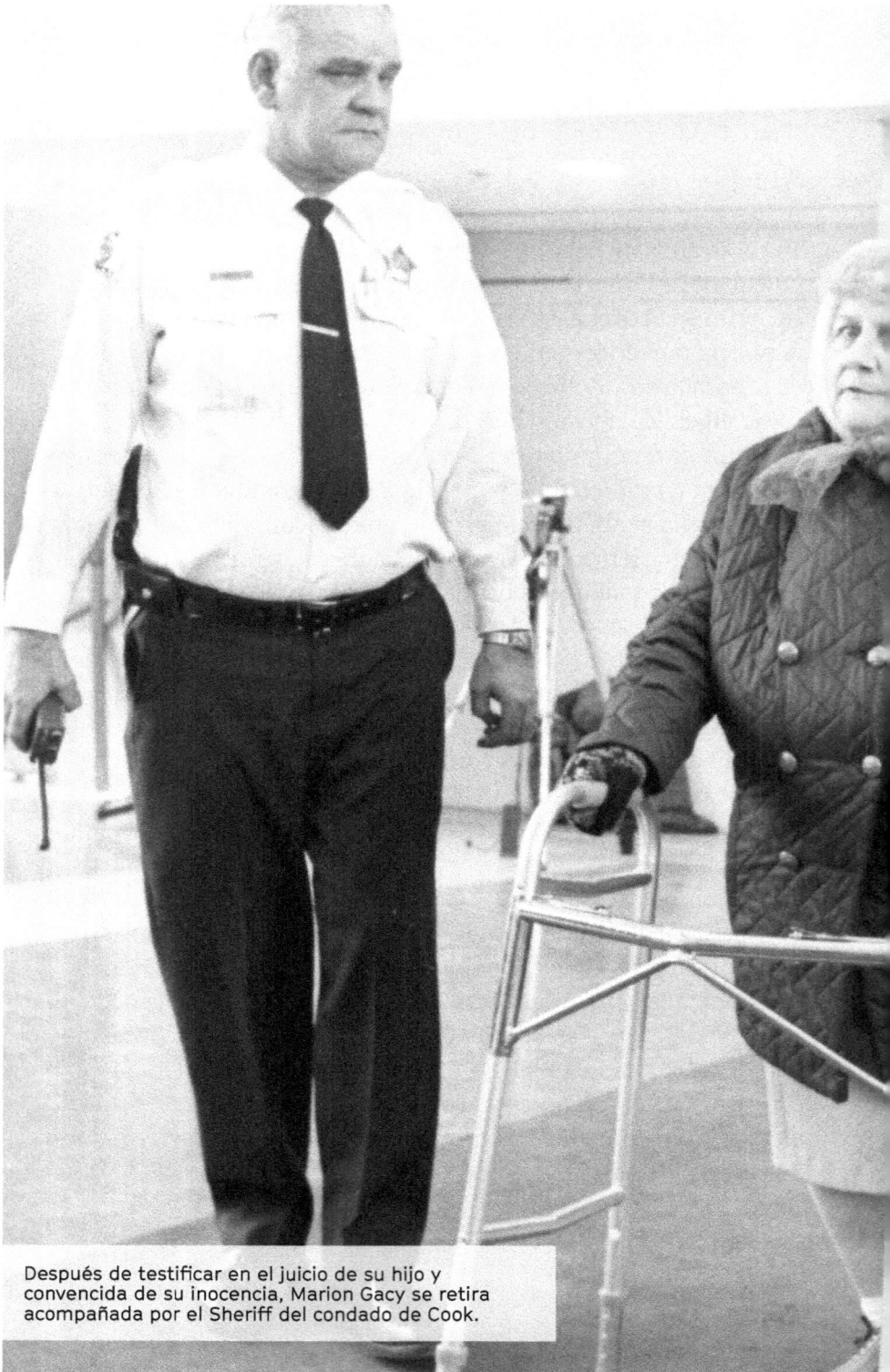

Después de testificar en el juicio de su hijo y convencida de su inocencia, Marion Gacy se retira acompañada por el Sheriff del condado de Cook.

Capítulo 10

JUICIO FINAL

El juicio de John Wayne Gacy comenzó el 6 de febrero de 1980 en el edificio del Tribunal Penal del condado de Cook, en Chicago. Los cargos eran por 33 asesinatos y por delitos graves de secuestro agravado, asalto sexual y privación de la libertad de menores. La sala estaba presidida por el juez Louis Garippo, y debido al impacto que había provocado el caso en la ciudad, se decidió que era más justo conformar el jurado con personas de localidades lejanas a Norwood Park.

El equipo de la fiscalía estaba encabezado por William Kunkle e integrado por los fiscales Robert Egan y Terry Sullivan. La defensa estuvo a cargo de los abogados Sam Amirante y Robert Morra. A petición de la defensa, Gacy pasó más de 300 horas del año anterior al juicio con los médicos del Centro Correccional de Menard. El objetivo era realizar una serie de pruebas psicológicas para determinar si era mentalmente competente para ser juzgado. Finalmente, el psiquiatra forense Dr. Robert Reifman ratificó que Gacy era mentalmente apto para ser juzgado y que, además, era capaz de comprender los cargos en su contra.

A lo largo de las sesiones del juicio se escucharon aproximadamente 100 testimonios, entre familiares de las víctimas y familia y amistades del acusado. Algunos exempleados y varios psiquiatras forenses testificaron para la defensa o la acusación de Gacy. No estaban en duda los hechos producidos, pero había que determinar si su conducta fue planificada y racional, o si el acusado había actuado bajo un estado mental que no le permitía tener conciencia de sus actos.

Gacy había confesado sus crímenes a la policía en tres ocasiones, pero retiró las confesiones antes del juicio. Las estrategias de la defensa se basaron en el no reconocimento de la culpabilidad por parte del acusado, alegando que había sufrido reiterados lapsos de locura durante los cuales cometía los asesinatos. También, intentaron afirmar que las 33 muertes habían sido accidentales y que se habían producido durante los juegos eróticos. A lo largo del juicio, estos argumentos fueron desarticulados por los fiscales. Nadie podía discutir que era poco probable tener 33 lapsos de locura o 33 accidentes eróticos. Por otra parte, muchos de los testimonios presentados por la fiscalía dieron cuenta de que Gacy había planificado cada detalle, que había aprendido un modo de operar y que, con el tiempo, había perfeccionado su método y técnicas de asesinato, desde la captura de sus víctimas hasta el entierro de los cadáveres.

Los exempleados David Cram y Michael Rossi fueron dos testigos claves. Ellos declararon que Gacy les pidió cavar zanjas en el acceso de la casa y el sótano, y que supervisaba rigurosamente sus tareas para asegurarse de la ubicación de cada una de ellas. Por su parte, los expertos forenses que participaron en la exhumación de los cuerpos y las autopsias aseguraron que la mayoría de las víctimas habían sido estranguladas o asfixiadas, con lo cual se negaba la teoría del accidente.

Años más tarde, cuando le preguntaron al abogado defensor, Sam Amirante, si Gacy hubiera seguido matando si se le otorgaba una libertad condicional, no dudó en afirmar que sí. Su cliente le había confesado con naturalidad que planeaba construir un segundo piso en su casa, porque se había quedado sin espacio para los cadáveres y quería evitar, de esta forma, tener que ir hasta el río Des Plaines para deshacerse de ellos.

Los secretos de la mente

Durante las cinco semanas que duró el juicio, se escucharon testimonios difíciles de sostener emocionalmente, en especial para las familias de las víctimas y para los supervivientes de los ataques de Pogo, el payaso asesino.

Jeffrey Rignall, que fue convocado por la defensa por el brutal salvajismo del ataque que había sufrido, afirmaba que Gacy no podía estar cuerdo. En cierto momento, el declarante se rompió durante el relato, perdió el control y comenzó a vomitar. Tuvo que ser retirado de la sala. Otro testigo clave fue Robert Donelly quien, mientras describía visiblemente conmocionado la terrible noche que pasó en la casa de Gacy, vio como este le sonreía mientras hablaba. El muchacho, lejos de amedrentarse, pareció tomar fuerza ante esta actitud del acusado y terminó su declaración con firmeza.

Gacy no mostró remordimientos a lo largo del juicio. En algunos momentos mostraba un desprecio absoluto, y en otros, parecía estar ausente. Voorhees, Antonucci y Reed fueron otras de las víctimas que testificaron acerca de cómo Gacy había abusado de ellos o de la manera en la que habían sido atacados por él, pero habían logrado escapar antes de que el tormento comenzara. Muchos exempleados de PDM relataron la costumbre del contratista de acosarlos sexualmente y luego, al ser rechazado, hacer como si todo hubiera sido una broma, o bien, se dedicaba a chantajearlos.

También la madre, la hermana de Gacy e incluso Carol, su segunda mujer, expusieron la dura relación que había tenido el acusado con su padre, así como las palizas y abusos psicológicos a los que había sido sometido.

Richard G. Rappaport, uno de los psiquiatras forenses de la defensa, fue meticulosamente interrogado por parte del fiscal Kunkle, pero siguió manteniendo que el sadismo del acusado constituía una forma de reacción contra un padre tirano y alcohólico. El testimonio de este psiquiatra hizo que Gacy sonriera a los miembros del jurado —como si les estuviera diciendo que escucharan atentamente—. No fue igual su alegría ante el informe del psiquiatra Arthur Hartman, quien afirmó que, a pesar de ciertos trastornos de la personalidad, Gacy no estaba loco. El doctor Robert A. Reifman lo confirmó al explicar que era un «clásico narcisista», tan preocupado en quererse a sí mismo que las demás personas apenas existían para él.

«No comprendo nada de lo que me ocurre», llegó a afirmar Gacy durante el juicio, negándose a declarar. Sin embargo, el fiscal jefe William Kunkle, afirmó que los tests psicológicos realizados a John Wayne habían arrojado que el acusado tenía un coeficiente intelectual de 135, y que «aprendió a asesinar, continuó asesinando, y sabía que asesinaba».

El corredor de la muerte
La última semana del juicio, viendo que llevaba las de perder, el incansable John Wayne Gacy escribió una carta personal al juez Garippo en la que le pedía que declarara el juicio nulo argumentando que no se había sentido correctamente representado por la defensa, la cual no le había permitido ocupar el lugar de testigo. Garippo, haciendo referencia a su carta, informó a Gacy que, según la ley, tenía la opción de testificar si deseaba hacerlo, algo a lo que el acusado finalmente renunció.

El 13 de marzo de 1980, un jurado compuesto por siete hombres y cinco mujeres logró emitir un veredicto en solo dos horas: «culpable con pena de muerte». Gacy lo escuchó sin quebrantarse y, cuando se retiró de la sala, le guiñó un ojo al guardia, mientras sonreía y saludaba con la mano al juez. Tras la sentencia, Gacy pidió hablar con sus acusadores para felicitarlos por el buen trabajo realizado. ¿Todavía pensaba desde su pedestal psicópata y egocéntrico que podría revertir el veredicto? Parece que sí. Lo intentó varias veces en los siguientes años, por lo que consiguió alargar su estancia en el corredor de la muerte del Centro Correccional de Menard, Illinois, hasta 1994, año en que fue ejecutado.

Durante los 14 años que Gacy pasó en prisión, fue entrevistado por numerosos escritores, periodistas y psiquiatras. Los informes de esos encuentros indican que se contradecía permanentemente. A veces, insistía en su inocencia y argumentaba que había sido incriminado; en otras ocasiones, parecía ser completamente consciente de haber llevado a cabo todos los asesinatos durante un período de siete años. En algunas entrevistas explicó por qué consideraba que su juicio había sido defectuoso.

STATE OF ILLINOIS

STATE FILE NUMBER 13977

MEDICAL EXAMINER'S – CORONER'S CERTIFICATE OF DEATH

| ☒ PERMANENT CERTIFICATE | REGISTRATION DISTRICT NO. 99.0 |
| ☐ TEMPORARY CERTIFICATE | REGISTERED NUMBER 001004 |

Type, or Print in PERMANENT INK. See Coroner's Handbook for INSTRUCTIONS

DECEASED—NAME FIRST	MIDDLE	LAST	SEX	DATE OF DEATH (MONTH, DAY, YE)
1. JOHN	WAYNE	GACY	2 MALE	3 MAY 10, 1994

COUNTY OF DEATH	AGE—LAST BIRTHDAY (YRS) 5a. 52	UNDER 1 YEAR MOS 5b. DAYS	UNDER 1 DAY HOURS 5c. MIN	DATE OF BIRTH (MONTH, DAY, YEAR) 5d MARCH 17, 1942
4. WILL				

CITY, TOWN, TWP, OR ROAD DISTRICT NUMBER	HOSPITAL OR OTHER INSTITUTION—NAME (IF NOT IN EITHER, GIVE STREET AND NUMBER)	IF HOSP, OR INST, INDICATE D O A OR EMER. RM. INPATIENT (SPECIFY)
6a. LOCKPORT TOWNSHIP	6b. STATEVILLE CORRECTIONAL CENTER	6c.

BIRTHPLACE (CITY AND STATE OR FOREIGN COUNTRY) 7 CHICAGO, ILLINOIS	MARRIED, NEVER MARRIED, WIDOWED, DIVORCED (SPECIFY) 8a. DIVORCED	NAME OF SURVIVING SPOUSE (MAIDEN NAME, IF WIFE) 8b.	WAS DECEASED EVER IN ARMED FORCES? (YE) 9. NO

SOCIAL SECURITY NUMBER 10 344-34-3840	USUAL OCCUPATION 11a. CONTRACTOR	KIND OF BUSINESS OR INDUSTRY 11b. OWN BUSINESS	EDUCATION (SPECIFY ONLY HIGHEST GRADE COMPLETED) Elementary-Secondary (0-12) 12	College (1-4 or 5+) 5+

RESIDENCE (STREET AND NUMBER) 13a KASKASKIA STREET	CITY, TOWN, OR ROAD DISTRICT NO. 13b. MENARD	INSIDE CITY (YES/NO) 13c. YES	COUNTY 13d. RANDOLPH

STATE 13e. ILLINOIS	ZIP CODE 13f. 62259	RACE (WHITE, BLACK, AMERICAN INDIAN, etc.) (SPECIFY) 14a. WHITE	OF HISPANIC ORIGIN? (SPECIFY NO OR YES—IF YES, SPECIFY CUBAN, MEXICAN, PUERTO RICAN) 14b. XXNO ☐ YES SPECIFY:

FATHER—NAME FIRST MIDDLE LAST	MOTHER—NAME FIRST MIDDLE LAST
15. JOHN STANLEY GACY	16. MARION ROBERTSON SCOW

INFORMANT'S NAME (TYPE OR PRINT) 17a. JOHN GREENLEES	RELATIONSHIP 17b LAWYER	MAILING ADDRESS (STREET AND NO. OR R.F.D., CITY OR TOWN, STATE, ZIP) 17c 3039 W. IRVING PK. RD. CHICAGO, I 6061

18. PART I. Enter the diseases, injuries, or complications that caused the death. Do not enter the mode of dying, such as cardiac or respiratory arrest, shock, or heart failure. List only one cause on each line.

APPROXIMATE INTERVAL BETWEEN ONSET AND DEA

Immediate Cause (Final disease or condition resulting in death) → (a) ACUTE CONGESTIVE HEART FAILURE
DUE TO, OR AS A CONSEQUENCE OF

CONDITIONS, IF ANY WHICH GIVE RISE TO IMMEDIATE CAUSE (a) STATING THE UNDERLYING CAUSE LAST.
(b) LETHAL LEVELS OF POTASSIUM CHLORIDE
DUE TO, OR AS A CONSEQUENCE OF
(c) LETHAL INJECTION

PART II. Other significant conditions contributing to death but not resulting in the underlying cause given in PART I

AUTOPSY (YES/NO) 19a. YES	WERE AUTOPSY FINDINGS AVAILABLE PRI COMPLETION OF CAUSE OF DEATH? (YES N 19b. YES

NATURAL, ACCIDENT, HOMICIDE, SUICIDE, UNDETERMINED, (SPECIFY) 20a. HOMICIDE	DATE OF INJURY (MONTH, DAY, YEAR) 20b. MAY 10, 1994	HOUR 12:17 20c. A. M.	HOW INJURY OCCURRED (ENTER NATURE OF INJURY MENTIONED IN PART I OR PART II, ITEM 18) 20d lethal drugs per judicial ord victim injected wit

INJURY AT WORK (YES/NO) 20e. NO	PLACE OF INJURY (AT HOME, FARM, STREET, FACTORY, OFFICE BUILDING, ETC.) (SPECIFY) 20f. STATE PRISON	LOCATION (CITY, VIL. OR TOWN, OR TWP, OR RD. DIST. NO. COUNTY, STATE) 20g. LOCKPORT TWP, WILL COUNTY, ILLINOIS	IF FEMALE, WAS THERE A P NANCY IN PAST THREE MO 20h. YES ☐ NO

I CERTIFY THAT IN MY OPINION BASED UPON MY INVESTIGATION AND/OR THE INQUISITION, THIS DEATH OCCURRED ON THE DATE, AT THE PLACE 21a. AND DUE TO THE CAUSE(S) STATED, AND THAT

THE DECEDENT WAS PRONOUNCED DEAD ON MONTH 21b. MAY	DAY 10,	YEAR 1994	AT 21c 12:58 A.

CORONER'S — MEDICAL EXAMINER'S SIGNATURE 22a. ▸ PATRICK K. O'NEIL *Patrick K. O'Neil*	DATE SIGNED (MONTH, DAY, YEAR) 22b. JUNE 17, 1994

CORONER'S PHYSICIAN'S SIGNATURE 23a. ▸	DATE SIGNED (MONTH, DAY, YEAR) 23b.

BURIAL, CREMATION, REMOVAL (SPECIFY) 24a. CREMATION	CEMETERY OR CREMATORY—NAME 24b. RIVER HILLS CREMATORY	LOCATION CITY OR TOWN 24c. BATAVIA,	STATE ILLINOIS	DATE (MONTH, DAY 24d MAY 14, 1

FUNERAL HOME 25a. McKEOWN-DUNN FUNERAL HOME, LTD.	NAME STREET AND NUMBER OR R.F.D. 210 MADISON STREET	CITY OR TOWN OSWEGO,	STATE ILLINOIS	ZIP 6054

FUNERAL DIRECTOR'S SIGNATURE 25b. WILLIAM F. DUNN	FUNERAL DIRECTOR'S ILLINOIS LICENSE NUMBER 25c. 034-010714

LOCAL REGISTRAR'S SIGNATURE 26a. ▸	DATE FILED BY LOCAL REGISTRAR (MONTH, DAY, YEAR) 26b. JUN 24 1994

CERTIFICATION

STATE OF ILLINOIS
COUNTY OF WILL

DATE   December 12, 1994

I, JAN GOULD, COUNTY CLERK, DO HEREBY CERTIFY THAT THIS DOCUMENT IS A TRUE AND CORRECT COPY OF THE ORIGINAL RECORD ON FILE IN THE WILL COUNTY CLERK'S OFFICE, JOLIET, ILLINOIS.

Jan Gould
COUNTY CLERK, WILL COUNTY, ILLINOIS

(COUNTY SEAL)

Shirley Chapman

Certificado de defunción de Gacy que confirma la muerte por inyección letal.

La compleja y laberíntica mente de Gacy, que pedía a Dios el consuelo y la paz de los familiares de aquellas víctimas que él desconocía, aún sigue siendo materia de debate. No hay consenso acerca de si realmente padecía un trastorno mental o si sus contradicciones eran parte de un esfuerzo elaborado y calculado para convencer a otros de que era un demente.

Gacy tenía su rutina en la celda, siguió siendo obsesivo con la limpieza y anotaba todo en una libreta, tal y como lo hacía cuando estaba libre: «Durante el mes de mayo recibí 143 cartas y envié 59. Durante 1982, recibí 1.167; de las 8.760 horas del año 1982 estuve fuera de mi celda 2.274 horas y 20 minutos. Envié 568 cartas, me di 353 duchas, me tomaron la presión 16 veces y, de las 1.095 comidas que se sirvieron, comí 463. Hoy se cumplen 39 meses desde que ingresé aquí».

Pero también tenía talento para la ficción. En 1992 publicó un libro titulado *A Question of Doubt* ('Cuestión de duda'); en él se hacía pasar por la víctima número 34 y acusaba a sus empleados de haber enterrado a los muertos en su casa.

Ejecución, ¿y después qué?

La noche previa a su ejecución, Gacy pidió para su última cena camarones, pollo, patatas fritas y de postre, fresas. Para su funeral, solicitó que se celebrase una misa y estar vestido con un traje azul, camisa blanca y corbata roja, sosteniendo un rosario negro entre sus manos. También le hubiera gustado que los presentes entonaran sus himnos favoritos y ser enterrado junto a la tumba de su padre.

Lejos de lo deseado por John, la madrugada del 10 de mayo de 1994, una multitud reunida fuera de la prisión estatal de Juliette, al sur de Chicago, donde Gacy había sido trasladado para su ejecución, gritaba unida repitiendo una sola consigna: «¡Culpable!».

La defunción del detenido ocurrió a la una de la madrugada, a los 18 minutos exactos de haber recibido la inyección letal. John

Wayne Gacy tenía 52 años. Su cuerpo fue trasladado en secreto a un hospital cercano para la autopsia estipulada por la ley. Allí estaba esperándolo la reconocida psiquiatra forense Helen Morrison, quien había entrevistado largas horas a Gacy, y que fue autorizada a retirar su cerebro para estudiarlo a fin de identificar posibles «razones patológicas o estructurales en la base de sus crímenes». Los resultados de aquella investigación no revelaron ninguna anormalidad.

—¡Nunca sabrán dónde están los otros! ¡Bésame el culo!— Estas fueron las últimas palabras que oyó su verdugo.

El agente del FBI Robert Ressler (en quien se inspira directamente uno de los protagonistas de la famosa serie Mindhunter) acuñó en los años 70 el término «asesino en serie». Durante su carrera se entrevistó en varias ocasiones con Gacy y en su libro, *I Have Lived in the Monster: Inside the Minds of the World's Most Notorious Serial Killers* ("Dentro del monstruo..."), describe de esta manera una experiencia ocurrida la noche de la ejecución de Pogo, el payaso:

«En 1994 se agotó el tiempo para John Wayne Gacy. La noche del 9 al 10 de mayo de 1994, en que Gacy iba ser ejecutado con una inyección letal, yo estaba en un motel de otro estado. Me di cuenta de que era el aniversario de su primera detención en 1968 en Iowa, por sodomía. Puse la CNN para conocer detalles de las últimas tentativas para detener la ejecución, pero recapacité: "No voy a quedarme aquí sentado esperando a que ocurra", y puse otro canal hasta quedarme dormido. De madrugada, cuando aún estaba oscuro, me desperté sobresaltado. Respiraba con dificultad entrecortadamente como después de una pesadilla, pero no había tenido ninguna. Tenía palpitaciones, estaba sufriendo un extraño ataque de ansiedad. Di unas vueltas por la habitación, me bebí un vaso de agua y pensé que tal vez tuviera un ataque de corazón. Me senté en la cama y volví a poner la CNN. En aquel momento decían: "A tal hora, John Wayne Gacy ha sido ejecutado", y la hora que anunciaron coincidía al minuto con el momento en que me había despertado aquel extraño sobrecogimiento. No puedo decir si Gacy, de camino al infierno, pasó por mi habitación dispuesto a asustar al cazador de asesinos en serie que se había criado solo a cuatro calles de él, pero fue una extraña experiencia.»

Capítulo 11

EL LEGADO DEL
ARTISTA ASESINO

Desde su ejecución en 1994, John Wayne Gacy se convirtió en un objeto de culto y de estudio: los cuadros que pintó en la cárcel recibieron la atención de coleccionistas y críticos de arte, su historia fue abordada en libros y documentales, su vida criminal influyó en el abordaje de novelas y filmes de terror. En síntesis, aportó una cuota al vasto mercado cultural estadounidense que nunca le escapa al morbo que generan los asesinos en serie.

En los 14 años que transcurrieron entre el final del juicio y su muerte, Gacy vivió de un modo austero en prisión, pero al mismo tiempo su megalomanía —y esa amabilidad forzada que exhibía como comerciante— lo condujeron a aceptar la visita de profesores universitarios, estrellas de rock y punk, periodistas y simples «admiradores». Pese a ser uno de los tantos condenados a muerte, sus propios trastornos lo transformaron en un «personaje social» que se dedicó a dar entrevistas y mantener correspondencia con esos curiosos que lo abordaban.

No obstante, ocupó otra parte de su tiempo en realizar dibujos y pinturas al óleo, muchas de las cuales embellecían su celda en el Centro Correccional de Stateville Crest Hill, de Illinois. Su técnica se basaba en la utilización recurrente de colores primarios y símbolos culturales reconocibles, lo que produjo que los críticos lo emparentaran con el Art Pop de Andy Warhol. Las cualidades estéticas de sus retratos eran bastante primarias a simple vista, aunque algunos se convirtieron con el tiempo en íconos de esa corriente cultural.

Las ilustraciones mostraban representaciones de figuras políticas, históricas y musicales —su «Elvis Presley» se halla entre los más famosos—, dibujos animados, imágenes satánicas como calaveras y, por supuesto, payasos, muchos payasos. Entre sus «creaciones» había escenas como la de un grupo de guardaparques con cabezas zoológicas, perfiles de John F. Kennedy, una representación minimalista de Adolf Hitler, otra de Jesús, un cráneo humanoide adornado con un collar azul y clowns de renombre mundial como Felix Adler y Emmett Kelly. Pero su tema favorito fue en realidad él mismo, o mejor dicho «Pogo, el payaso», su alter ego más amable en la época que solía animar fiestas para chicos. Uno de los tantos autorretratos que pintó incluía a los siete enanitos del popular cuento de hadas Blancanieves, de los hermanos Wilhelm y Jacob Grimm. Durante una entrevista, un periodista le preguntó por el propósito de su obra y Gacy respondió que tenía la intención de «alegrar la vida de las personas», desentendiéndose así de los crímenes que había cometido entre 1972 y 1978.

La música tampoco le fue ajena, aunque nunca cantó ni tocó instrumentos. En el corredor de la muerte se hizo amigo del célebre cantante punk GG Allin, nacido como Jesus Christ Allin (1956-1993), quien solía visitarlo asiduamente o enviarle cartas a la cárcel. Gacy pintó un retrato de Allin que se convirtió en la portada del documental Hated: GG Allin and The Murder Junkies. Durante una entrevista con periodistas que hacían un documental sobre Allin, el asesino en serie señaló muy seriamente que el cantante punk «es un artista con un mensaje para una sociedad enferma. Él nos hace ver lo que realmente somos. El ser humano es solo otro animal que es capaz de hablar libremente para expresarse. No se equivoquen con él, detrás de lo que lo que hace hay un cerebro».

Pop star post mortem

En 2011, durante la exhibición titulada Multiples: The Artwork of John Wayne Gacy, en la galería Art Factory, de Las Vegas, se subastaron por primera vez varias pinturas y objetos personales del Payaso asesino con la idea benéfica de generar una recompensa para los familiares afectados por sus homicidios. La galería había valorado los lienzos al óleo entre 400 y 5000 dólares. Sin embargo, la muestra causó mala impresión pública, entre otras cosas porque era presentada por un actor que se había disfrazado de «Pogo, el payaso». Un recuerdo tétrico para la sociedad por la historia criminal que representaba.

La recepción de la obra de Gacy resultó por supuesto controvertida. Lo extraño del caso fue que el morbo por el «Payaso asesino» también alcanzó a algunos familiares de las víctimas, que compraron varios lienzos y los quemaron en una especie de hoguera catártica en la ciudad de Naperville, en los suburbios de Chicago. En tanto, el Centro Nacional para Víctimas del Crimen (NCVC) de Estados Unidos emitió un comunicado en el que negaba cualquier participación en la muestra de Las Vegas y pidió al dueño de la galería, Westly Myles, de desistiera de exhibir los cuadros de Gacy. En tanto, el Centro de Arte Contemporáneo, que también iba a beneficiarse con lo recaudado, rechazó aceptar dinero de la subasta. Esto no afectó para nada la carrera artística *post mortem* de Gacy. El valor de sus pinturas se elevó después de que los empresarios Joe Roth y Wally Knoebel compraron algunas de ellas con la intención de entregarlas a los familiares de las víctimas de Gacy.

Con el correr de los años, el material que había desarrollado en prisión comenzó a cotizarse en el mundillo de la «Murderabilia». El término inglés identifica a los coleccionistas de objetos que pertenecieron o están relacionados con homicidas y fue acuñado por Andy Kahan, director de la Oficina de Víctimas del Crimen del Departamento Policial de Houston, Estados Unidos.

Si bien sus pinturas no tienen calidad para ser consideradas «obras de arte», poseen hasta hoy un valor preciado para coleccionistas y galeristas de arte debido a la historia criminal de su autor. Unas pocas de ellas se exhiben en el Museo Nacional del Crimen de Estados Unidos y pueden conocerse también a través de la página Museum Syndicate (http://www.museumsyndicate.com/artist.php?artist=475). Para los críticos de arte, en cambio, es dudoso que el «pasatiempo» de Gacy en el pasillo de la muerte pueda ser considerado arte, aunque

Dibujo de un payaso realizado por Gacy
en la prisión.

admiten que puede persistir como una «creación de culto». El culto a un homicida en serie.

La pregunta es ¿por qué sus pinturas atrajeron la fascinación de ese tipo de público? Nadie lo sabe con exactitud, pero tienen algo que las hace fascinantes: en 2012, una supuesta «casa embrujada» para turistas, con sede en Nueva York, promocionó su negocio con retratos pintados por Gacy en la entrada de la vivienda. En tanto, en 2017, una pintura del Payaso asesino se subastó en 9.000 dólares a través de Internet.

El movimiento #MeToo sostuvo un debate público sobre la falta de ética al apoyar el arte hecho por personas punibles. Así fue como el actor Kevin Spacey debió dejar la filmación de Todo el dinero del mundo después de que se conocieran las acusaciones que recaían sobre él por agresión sexual; además, en ese mismo contexto, mucha gente renunció a ver las películas de Woody Allen, tras la denuncia por abuso de menores que efectuó su hija Dylan Farrow. Mientras algunas personas se agrupan para debatir concienzudamente sobre estos temas, otras se sienten atraídas por el arte creado de los criminales. Este es el caso de John Wayne Gacy, un artista asesino valorado por sus seguidores.

La práctica de recolectar objetos de criminales ya fallecidos, ilícita en Estados Unidos, generó la irritación de las autoridades policiales y judiciales de ese país. El ya mencionado Kahan lo describió como un pasatiempo del «capitalismo en su peor momento», en un artículo publicado por el diario *New York Times* sobre el destino desconocido del cuerpo de Charles Manson. Un coleccionista estadounidense conocido como Professor Tooth, que posee pinturas de Gacy, explicó a un sitio de arte de ese país que el mercado de la Murderabilia ha cambiado significativamente en los últimos años.

«Hace un tiempo, los círculos de personas [interesadas en los asesinos en serie] eran mucho más pequeños de lo que son ahora. No había las mismas vías para obtener ciertas cosas. Mucho de esto se hizo a través de correos electrónicos o llamadas telefónicas», explicó al web site Oxygen.com. Al respecto, agregó que la razón por la que los precios de algunas de las obras de los asesinos en serie han subido es porque se pusieron de moda. «Todo hoy en día se basa en crímenes verdaderos o asesinos en serie: especiales de Netflix, podcasts, todo eso. Se ha interesado más a la gente. La comunidad de personas que solían preocuparse [por los asesinos en serie] era muy pequeña. Pero ahora la gente se vuelve loca en subastas solo para que poder decir que lo poseen».

Al consultársele por el atractivo del arte de Gacy, el Professor Tooth expresó cierta admiración: «Esto puede sonar mal, pero siempre he admirado a las personas que pueden ir a por algo que no habían hecho antes [...]. Tenía, supongo, fases más bonitas donde pintaría pájaros o flores, pero con el tiempo se volvió más oscuro, cuando comenzó a hacer calaveras y penes [...]. Una parte importante de la fascinación con estas rarezas oscuras es su valor transgresor inherente».

Por su parte, Julia Culkin, una médica de salud conductual y terapeuta de artes creativas, consideró que las pinturas de Gacy «tienen un valor forense o psicológico que puede darnos pistas sobre el mundo interno del asesino. Creo que a menudo John Wayne Gacy nos fascina por la naturaleza de sus fantasías sádicas y sexuales. Nos sentimos atraídos por ese lado oscuro. Nos sentimos más atraídos por el contenido que por su técnica».

«Creo que la fascinación con "Pogo, el payaso" es la yuxtaposición de este personaje jovial, alegre y amable que entretiene a los niños, mientras debajo hay obviamente una desviación sexual diabólica y siniestra», continuó Culkin. Al preguntársele si se podían detectar patologías a través de las pinturas, la médica dijo que «la terapia del arte tiene mala reputación. No somos lectores de cartas del tarot. No puedo ver algo y decir exactamente lo que la persona pensaba que era el tiempo. Hay idiosincrasias obvias en todas las obras de arte». Solo destacó que la elección del color «es muy interesante» en Gacy.

«Es una amplia gama de colores: el color suele ser el lenguaje del afecto. Por lo tanto, hay mucha emoción allí. No usa el color fantásticamente, lo que no indica ningún tipo de psicosis. Muchas personas que tienen patrones de pensamiento desorganizados o experimentan alucinaciones auditivas o visuales, las personas más del lado esquizofrénico de la patología, a veces pueden usar colores fantásticos en una composición natural, como el rostro de una persona que es de color púrpura brillante en lugar de marrón o rosado», explicó Culkin.

La médica enfatizó sin embargo que «el personaje de Pogo también se representa de la cintura para arriba. Conociendo sus antecedentes como desviado sexual, es fascinante que decida cortar los genitales [...]. Así que está ocultando eso, de alguna manera. Pogo en muchas de las pinturas levanta la mano izquierda, volviendo a una pose como de Cristo. Eso puede hablar de su necesidad de reconocimiento, su narcisismo, viéndose a sí mismo como no humano, de otro mundo u omnipotente. Vivía en un mundo de fantasía en el tiempo de los asesinatos en cierto sentido».

En tanto, el artista de performances multimedia Stephen Edwards, conocido como Mártir, dijo que el arte de Gacy «es completamente irredimible» y no le encuentra valor en sí. «Es asqueroso, realmente feo. La gente lo está recolectando solo por el nombre adjunto [...].No tiene ningún sentido preocuparse por eso de otra manera. Creo que el asesinato en general se está glorificando en este momento. Es sensacionalismo».

Un personaje viralizado en distintos formatos

Desde su ejecución hasta el presente, el caso del asesino serial de Norwood Park fue generador de un vasto material audiovisual y bibliográfico con carácter documental y ficcional. La historia de

Gacy parece reinventarse y fascinar al público actual. Entre los libros que se adentran en la mente de este asesino serial podemos mencionar *Killer Clown: The John Wayne Gacy Murders*, de Terry Sullivan (2000); *Buried Dreams: Inside the Mind of a Serial Killer*, de Tim Cahill (2014) y la reciente edición de Jota de Hoces, *John Wayne Gacy El Payaso Asesino* (2019).

La película *Gacy* estrenada en 2003 en Estados Unidos y dirigida por Clive Saunders es una de las biografías más fieles del payaso Pogo llevadas a la pantalla grande. Sin embargo, mucho más taquillero resultó ser el personaje de Pennywise, el malvado payaso de la miniserie de éxito mundial estrenada en 1990 y basada en la célebre novela *It*, que había escrito Stephen King en 1986. Sin dudas, una fuente de inspiración para esta obra fue la estremecedora historia real de Gacy. La fascinación contradictoria que ha generado siempre en el público el arquetipo del bufón siniestro dio lugar a la aplaudida remake del clásico de King en 2017 e incluso a su continuación con *It: Chapter II*, en 2019.

Sin embargo, el clown inquietante constituye un personaje de ficción anterior al caso real de este libro. Tal vez su arquetipo conjugue condimentos de inocencia y perversidad irresistibles para el público amante del género del suspenso y el terror. Aquel Joker que nació para enfrentarse a Batman en la década de 1940 también tuvo sus precedentes en el cine mudo, con The Cat and the Canary (1927) o con Laugh, Clown, Laugh (1928), adaptación cinematográfica de la novela homónima de Victor Hugo.

La casa embrujada de la avenida Summerdale

Las películas de terror de Hollywood siempre tienen, entre sus escenarios, una casa de aspecto siniestro, donde no pocas veces se encuentran cadáveres de víctimas atacadas por un personaje enloquecido, como sucedió en la vida real de John Wayne Gacy. Antes mencionamos que una «casa embrujada» para turistas y cultores del «horror pop» se promocionaba con retratos pintados por Gacy. Pero la verdadera casa siniestra, la de la avenida Summerdale 8213, de Norwood Park, también tiene una historia reciente para contar.

La vivienda que se encuentra en el terreno donde Gacy enterró a muchas de sus víctimas se puso a la venta en 2019, según informó el diario Chicago Sun-Times. Técnicamente no es la misma casa de tres dormitorios y dos baños donde vivió John Wayne, su madre y su segunda esposa, ya que fue demolida y su jardín arrasado en 1979, mientras los peritos forenses buscaban los cuerpos enterrados. Además, el Municipio de Norwood Park decidió darle una nueva dirección para poner el terreno en venta después de haberlo embargado a los herederos de Gacy. Ahora está en avenida Summerdale 8215, aunque sea el mismo lugar donde los investigadores encontraron los 29 cuerpos enterrados.

El anuncio de la inmobiliaria que vende la casa no mencionó la historia de la propiedad, pero destacó su «enorme patio trasero». Casi una ironía. La actual vivienda fue construida por Patricia Jendrycki, quien compró el terreno en 1986. Sin embargo, no la conservó por demasiado tiempo: la vendió en 2004 a sus actuales propietarios y estos la pusieron a la venta el 9 de agosto de 2019 por 489.000 dólares. Un mes más tarde, los mismos dueños bajaron su precio a 479.900 de la moneda estadounidense y, otra vez a fines de septiembre, el precio cayó a 469.000. Pues bien, a partir de octubre de 2019, la casa se vende en 459.000 y todavía cuesta conseguir a un comprador. Es que la leyenda del «Payaso asesino» se diseminó por el vecindario de Norwood Park y es difícil que los posibles clientes no se enteren de los hechos del pasado si indagan entre los vecinos, como suele hacerse en cualquier país.

La casa tiene tres dormitorios dos baños, una cocina con comedor diario, un comedor separado, una sala de estar con chimenea a dos lados, un loft en el segundo piso y un garaje adjunto para dos coches. El agente inmobiliario que la vende,

Bob Picciarello, se niega a atender a la prensa porque teme que la historia de Pogo ahuyente a potenciales compradores o que el comprador sea uno de esos coleccionistas de rarezas, dijo en *off* a la prensa.

Que la realidad no supere más a la ficción

Tal vez uno de los legados más valiosos del caso Gacy fue el hecho de que la sociedad norteamericana y los sistemas de justicia se sintieran abofeteados en la cara al desenterrar tantos muertos del jardín de la avenida Summerdale. La casa del terror en el tranquilo Norwood Park destapó una verdad cruel: a fines de la década de 1970 se reportaban tan solo en Chicago 20 mil personas desparecidas al año, de las cuales tres cuartas partes eran menores de edad que habían huido de sus hogares. En el plano nacional, 180.000 menores de 18 años eran denunciados desaparecidos ante el FBI cada año. De los 20 mil homicidios anuales cometidos en los Estados Unidos, más de 5.500 no se resolvían.

En 1984, el Departamento de Justicia estableció un programa de detección criminal violenta como parte de la oficina juvenil. El programa incluía identificar patrones de conducta y abuso de los asesinos seriales y aprovechadores de menores. Para la primavera de 1984, la investigación estimaba que al menos había 35 asesinos seriales sueltos operando en las calles de los Estados Unidos. Se planteó entonces la necesidad de crear sistemas de comunicación y cruce de datos entre los diferentes distritos con protocolos de intervención temprana en caso de personas desaparecidas. James Stewart, jefe del Instituto Nacional de Justicia, declaró que «esto es como tratar de identificar y curar una nueva enfermedad. La hemos tenido durante mucho tiempo, pero se ha pasado por alto durante años y años».

Además, el Buró Federal de Investigaciones (FBI o Federal Bureau of Investigation) de Estados Unidos llevó a cabo estudios al respecto y concluyó que el 42% de los homicidas en serie sufrieron maltratos físicos en su infancia, el 43% fueron abusados sexualmente y el 74% recibieron continuos maltratos psicológicos, indica un informe publicado en el libro *The A to Z enciclopedia of serial killers*, de Harold Schechter y David Everitt. John Gacy cumple con la segunda y la tercera regla de caso. Si algo debemos agradecerle al avance de las tecnologías es que difícilmente hoy un asesino serial pueda actuar sin ser detectado en un lapso breve. Sin embargo, la coulorfobia —fobia a los payasos— seguirá existiendo, tal vez por ese miedo supuestamente irracional a lo desconocido que se oculta detrás de una sonrisa grotescamente maquillada.

«Lo más aterrador de John Gacy es que no era un tipo aterrador», dijo en una entrevista al diario *Chicago Sun-Times* Sam Amirante, el abogado defensor que intentó sin éxito convencer a un jurado de que Gacy estaba loco. El Payaso asesino podría ser cualquiera de nosotros, un tipo amable y afable en su comunidad, podría ser un pariente nuestro y podrías ser tú, estimado lector.

PERFIL CRIMINAL

Nacionalidad: estadounidense.

Nombre: John Wayne Gacy, alias Pogo.

Nacimiento: 17 de marzo de 1942, Chicago, Illinois.

Perfil: asesino serial, personalidad múltiple y antisocial, narcisista, megalómano, disfrutaba infligiendo torturas a sus víctimas hasta matarlas. Ausencia de remordimientos.

Infancia y juventud: infancia y adolescencia atormentada por el maltrato de un padre violento y alcohólico que lo humillaba y golpeaba.

Ocupación: comerciante y luego dueño de una empresa de refacciones, también figura pública en su vecindario, miembro activo del Partido Demócrata local y del club de payasos Jolly Joker, en el que era voluntario. Tenía una doble vida.

Esposa e hijos: se casó dos veces y tuvo dos hijos.

Crímenes: 33 víctimas comprobadas, la mayoría enterradas en su casa y otras arrojadas al río.

Tipo de víctimas: varones de entre 14 y 21 años, la mayoría en situación de vulnerabilidad familiar.

Modus operandi: seducía a sus víctimas ofreciéndoles trabajo o droga. Les llevaba a su casa engañados o bajo los efectos del cloroformo. Después les inmovilizaba con esposas y comenzaba a torturarles y violarles con diferentes instrumentos, colocaba medias de nylon en su garganta hasta asfixiarles. Disfrutaba verles sufrir y rogar, hasta que fallecían.

Condena: aunque tuvo una condena previa por sodomía en 1968, sus crímenes fueron descubiertos recién en diciembre de 1978. En 1980, fue condenado a pena de muerte por 33 asesinatos y ejecutado con inyección letal en 1994.

Bibliografía

Cahill, Tim. *Buried Dreams: Inside the Mind of a Serial Killer*. Bantam, 1986

Doctor Know's Guide To Serial Killers: The Best Of The Worst. Doctor Know, 2018

Instinto criminal: La escalofriante historia de los asesinos en serie más conocidos, Plaza & Janés, 2013

Sullivan, Terry, y Maiken, Peter. *Killer Clown: The John Wayne Gacy Murders*. Kensington Publishing, 2013

TÍTULOS DE LA COLECCIÓN

TED BUNDY
LA MENTE DEL MONSTRUO

***

JOHN WAYNE GACY
EL PAYASO ASESINO

***

DENNIS RADER
BTK: ATAR, TORTURAR Y MATAR

***

ANDRÉI CHIKATILO
EL CARNICERO DE ROSTOV

***

HENRY LEE LUCAS
EL PSICÓPATA SÁDICO

***

AILEEN WUORNOS
LA DONCELLA DE LA MUERTE

***

CHARLES MANSON
LA NOCHE DE LA MASACRE

***

EL ASESINO DEL ZODÍACO
UN ACERTIJO SIN RESOLVER

***

ANDREW CUNANAN
EL ASESINO DE VERSACE

***

JEFFREY DAHMER
EL CANÍBAL DE MILWAUKEE